EDUARDO LIMA DE MATOS

A CRISE HÍDRICA

GESTÃO PARTICIPATIVA, DESCENTRALIZADA, PACTUADA E SUSTENTÁVEL

Del Rey editora

Belo Horizonte
2018

A FAMÍLIA, razão de ser, está e continuar.

Impresso no Brasil | *Printed in Brazil*

EDITORA DEL REY LTDA
www.editoradelrey.com.br

Editor: Arnaldo Oliveira

Editor Adjunto: Ricardo A. Malheiros Fiuza

Editora Assistente: Sirlene Santos Simões

Revisão: RESPONSABILIDADE DO AUTOR

Diagramação: Lucila Pangracio Azevedo

Capa: Alfstudio

Editora / MG

Rua dos Goitacases, 71 – Loja 24A – Centro

Belo Horizonte-MG – CEP 30190-909

Comercial:

Tel.: (31) 3293 8233

vendas@editoradelrey.com.br

Editorial:

editorial@editoradelrey.com.br

Matos, Eduardo Lima de

M433c A crise hídrica: gestão participativa, descentralizada, pactuada e sustentável / Eduardo Lima de Matos. – Belo Horizonte: Del Rey, 2018. x, 126 p. : il. – Inclui bibliografia.

ISBN: 978-85-384-0524-5

1. Direito ambiental – Brasil 2. Proteção ambiental – Brasil 3. Recursos hídricos – Desenvolvimento – Brasil I. Título

CDU(1976) 34:577.4(81)

Ficha catalográfica elaborada pelo bibliotecário Junio Martins Lourenço CRB 6/3167.

A DEUS, Criador e Condutor do Universo.

SUMÁRIO

APRESENTAÇÃO

A crise hídrica que assola o Brasil nos últimos anos, denota a gravidade do problema e a necessidade de políticas públicas assecuratórias do abastecimento humano, principalmente com adoção de um sistema de gestão hídrica eficiente.

A região Nordeste tem no seu interior uma grande área semiárida, com núcleos populacionais instalados, muitos com densidade que demandam permanentemente uma segurança hídrica para o abastecimento, tanto para as atividades produtivas, como especialmente para as necessidades humanas, entre elas a dessendentação.

No presente livro será objeto de estudo a gestão da bacia hidrográfica do rio São Francisco, conhecida como de integração nacional, fazendo-se um corte metodológico na região do baixo São Francisco. Suas águas são utilizadas para geração de energia, consumo humano, dessedentação de animais, industria, pesca, agricultura irrigada, navegação, lazer, contemplação, competição náutica, pesquisas, dentre outras atividades, constituindo-se a citada bacia hidrográfica como fundamental para sobrevivência de cinco Estados Federados da região.

A Constituição Federal de 1988, ao restabelecer o equilíbrio democrático no Brasil, inseriu no seu contexto o domínio público das águas, repartindo essa dominialidade entre a União e os Estados Federados. Complementando a Constituição Federal de 1988 foi editada a Lei 9.433 de 08 de janeiro de 1997, na qual foi estabelecido o novo sistema de gestão hídrica do Brasil.

Um sistema de gestão descentralizado e democrático, fundado na participação popular, que aos poucos vem sendo implementado em todo território nacional, caracterizado na delegação da gestão hídrica para os Comitês de Bacia Hidrográfica, órgão colegiado, com atribuições definidas na lei, responsável pelas prioridades, atendimentos e políticas hídricas da bacia hidrográfica.

No presente estudo foi analisado o novo sistema de gestão hídrica, fulcrado na inovação que foi a cobrança pelo uso da água, fato determinante na arrecadação de recursos necessários para a gestão das águas. O desafio é propor medidas que podem torna-lo mais eficiente e que retrate permanentemente a situação hídrica local, possibilitando a tomada de decisões que assegurem o abastecimento para o conjunto da população.

Dessa forma foi proposto um índice de sustentabilidade, indicador periódico das necessidades e condições existentes na bacia hidrográfica, apontando em que áreas e focos devem se concentrar as políticas públicas voltadas aos recursos hídricos, principalmente com os recursos arrecadados na própria bacia hidrográfica, a partir da cobrança pelo uso da água.

INTRODUÇÃO

A Constituição de 1988 estabeleceu o domínio da água com fundamento na supremacia do interesse público sobre o privado, dividindo essa dominialidade entre a União e os Estados Federados.

A revogação da legislação infraconstitucional que regia a gestão hídrica e a nova ordem constitucional possibilitaram a elaboração de um arcabouço legislativo novo em matéria de gerenciamento hídrico, baseado na dominialidade da União e dos Estados federados, mas principalmente nos princípios constitucionais da descentralização e participação.

A legislação de gerenciamento hídrico adquiriu um novo patamar, levando a um novo olhar, assim no presente estudo, o recorte metodológico foi feito na bacia hidrográfica do rio São Francisco, especificamente na sua sessão mais baixa, que vai da Usina Hidroelétrica de Xingó até a foz do rio São Francisco, entre os Estados de Sergipe e Alagoas.

O presente estudo objetivou propor princípios para a construção do pacto das águas na bacia hidrográfica do rio São Francisco, com recorte espacial na região fisiográfica do baixo São Francisco, baseado na interpretação da Constituição Federal de 1988, que consagrou o direito fundamental do ser humano a água.

O pacto das águas, é um documento decorrente do poder deliberativo do Comitê de Bacia Hidrográfica e visa estabelecer os parâmetros mínimos para uma gestão descentralizada e participativa, assegurando as ações e atividades necessárias a manutenção do equilíbrio ambiental e o direito fundamental ao meio ambiente equilibrado.

A pesquisa começou com o Índice de Desenvolvimento Humano aplicado aos Municípios – IDHM, mostrando como vem evoluindo esse índice, os pontos que são avaliados e a situação do baixo São Francisco, área objeto da pesquisa, observando a evolução dos dados da região objeto de investigação.

A fórmula adotada para a construção do índice de sustentabilidade foi estabelecida pelo levantamento de indicadores já existentes, sendo utilizados os do IBGE, nas dimensões institucional, ambiental, econômica e social, aplicando-se a fórmula de Daniel (et all, 2001), formando um gráfico radar do índice de sustentabilidade da região.

Escorado na gestão participativa e descentralizada, amplamente representada pelo Comitê de Bacia Hidrográfica, fruto da Lei de gerenciamento dos recursos hídricos 9.433, de janeiro de 1997, foi possível compreender o poder deliberativo do Comitê de Bacia Hidrográfica na elaboração do Pacto das Águas.

O Pacto das Águas, será editado por meio de resolução do comitê de bacia hidrográfica, fundado nos princípios constitucionais da descentralização, participação, legalidade, autoexecutoriedade, supremacia do interesse público sobre o interesse privado, razoabilidade, proporcionalidade e eficiência.

O referido pacto das águas, estabelecerá investimentos, forma de gestão, prioridades, ações e atividades que deverão ser cumpridas no seio da bacia hidrográfica, regras fundadas em norma constitucional, de cumprimento obrigatório, explicitando claramente os poderes delegados a esse órgão que representou a concretização da descentralização administrativa no Brasil.

CAPÍTULO 1

OS FUNDAMENTOS TEÓRICOS E JURÍDICOS PARA A APROTEÇÃO DO MEIO AMBIENTE

1. O DIREITO, SUAS ACEPÇÕES E O ORDENAMENTO JURÍDICO

A compreensão e o entendimento do que vem a ser o direito, nas suas várias acepções, é um tema objeto de intensos debates teóricos e filosóficos, na busca de explicar, entender, classificar, sistematizar de fato o que constitui todo o conjunto.

As aglomerações humanas começaram pequenas, unidas por costumes, tradições, religião, língua e regras de convivência, que eram suficientes para o tamanho dessas comunidades, contudo com o crescimento paulatino, resultando no aumento populacional, conflitos e necessidades, o conjunto anterior se mostrava insuficiente para enfrentar todas as contendas, Berloffa afirma

> De uma evolução natural das variadas formas de sociedade foram surgindo grandes aglomerados de indivíduos coordenados na consecução de fins identificados e específicos. Esta aglomeração de indivíduos fundou-se principalmente em laços históricos, tradições características de cada aglomeração, enraizadas por costumes e comportamentos locais. (Berloffa, 2004, 54).

Esse evoluir trouxe consigo a existência de conflitos internos e externos, resolvidos durante longo tempo pelas regras religiosas, que se confundiam muitas vezes com o próprio estado, como bem delineia Berloffa (2004), demonstrado cada vez mais na deficiência de uma estrutura que garantisse ao conjunto segurança, serviço e o atendimento das necessidades.

A teoria do estado, como disciplina autônoma, explica esse fenômeno, a partir da compreensão do que é nação, estado, território, sociedade, povo, leis, tradições, costumes, língua, enfim, todo o conjunto que compõe a estrutura estatal responsável pela administração do interesse público.

A organização da convivência entre pessoas, que pressupõe regras, para delimitar o raio de liberdade de cada componente e estabelecer dessa forma a possibilidade de uma harmoniosa convivência, dentro de critérios preestabelecidos pela mesma comunidade, assim Realle conceitua

> Direito é a ordenação heterônoma, coercível e bilateral atributiva das relações de convivência, segundo uma integração normativa de fatos e valores. (Reale, 1985, 22)

O direito passou a ser um instrumento para regular essa convivência, com imposições, sanções, força, realçando valores dentro de um conjunto heterogêneo. Claro que a história da humanidade comprovou que em parte do tempo, o direito foi utilizado ou monopolizado por um grupo para sobrepor seus interesses sobre os demais, resultando em injustiças, perseguições, mortes e destruição, culminando com um dos maiores exemplos de reação a essa dominação, a Revolução Francesa, movimento que rompeu com o absolutismo e deflagrou o repensar do papel do estado.

Essa ordem jurídica foi e continua sendo estudada, o poder que resulta dela, o limite do exercício desse poder, são temas muito atuais, o que vem a ser no Estado Brasileiro atual a Lei de Responsabilidade Fiscal – LRF, um limite claro e coercitivo ao exercício orçamentário e financeiro por parte dos gestores públicos, por isso afirma Kelsen

> Do que fica dito resulta que uma ordem jurídica, se bem que nem todas as suas normas estatuam atos de coação, pode, no entanto, ser caracterizada como ordem de coação, na medida em que todas as suas normas que não estatuam elas próprias um ato coercitivo e, por isso, não contenham uma prescrição mas antes confiram competência para a produção de normas ou contenham uma permissão positiva, são normas não autônomas, pois apenas têm validade em ligação com uma norma estatuidora de um ato de coação. (Kelsen, 1987, 62).

A coação foi e é um elemento presente na construção do direito para garantia da sua eficácia e cumprimento das normas previstas, sem deixar de vislumbrar que a existência de regras não afastará a possibilidade de conflitos, que sempre acontecerão dentro de um ambiente de convivência, apenas o sistema trará a forma de resolução desses conflitos.

Na verdade ao longo da evolução da humanidade, desde a sociedade primitiva aos dias atuais, foram muitos os percalços e tropeços, representando em determinados momentos um grande retrocesso jurídico e democrático.

Por exemplo, a América Latina, nas décadas de sessenta e setenta, passou por um grande retrocesso, como consequência da guerra fria das potências econômicas e militares, dentro do dicotomismo esquerda e direita, levando a diversos regimes autoritários nesse período, só retomando o processo de redemocratização a partir da década de oitenta, existindo ainda hoje regimes com muitas fragilidades institucionais e democráticas. Na verdade, a reconstrução democrática ainda está em andamento, com o expurgo do ordenamento jurídico autoritário.

O que é interessante observar, mesmo em regimes de exceção, existe um ordenamento que rege o período autoritário, ele não segue sua lógica sem normas, pelo contrário, esses regimes produzem também um ordenamento de condução, que ainda hoje no Brasil é aplicado, com diversas normas surgidas nesses períodos.

Outro dado sobre o regime de exceção no Brasil, foi o fato do regime militar que perdurou no Brasil de 1964 a 1985 ter produzido diversas leis, dentre elas, o Código Florestal (Lei 4771/1965) , o qual em termos de proteção ambiental foi mais avançado que a atual Legislação Florestal atual, produzida no pleno exercício democrático do poder, mas que no tocante a proteção ambiental restou fragilizado pelos diversos interesse envolvidos na elaboração da norma florestal.

Esses são os conflitos que existem no estabelecimento do ordenamento jurídico, como conjunto de normas que possibilitam a organização do estado, de forma justa e democrática, por isso Bobbio diz

> A complexidade de um ordenamento jurídico deriva do fato de que a necessidade de regras de conduta numa sociedade é tão grande que não existe nenhum poder (ou órgão) em condições de satisfaze-la sozinho. Para vir ao encontro dessa exigência, o poder supremo, recorre geralmente a dois expedientes:
>
> 1) Recepção de normas já feitas, produzidas por ordenamentos diversos e precedentes.
>
> 2) A delegação do poder de produzir normas jurídicas a poderes e órgãos inferiores. (Bobbio, 1999, 38)

A ordenação da convivência em sociedade, dentro de um ambiente de conflitos de interesse, pressupõe a existência de um ordenamento jurídico, que virá regular os interesses, a estrutura, a forma, a proteção de todos e enfim, organizar esse convívio dentro da divergência natural.

Regras novas e regras antigas, esse conjunto deverá ser harmonizado para assegurar equilíbrio e efetividade, sempre diante da necessidade de novas regras que o sistema delega para órgãos específicos, em razão até da própria evolução humana. Exemplo desse fato, quatro décadas atrás não havia a possibilidade de clonagem de células humanas, hoje essa técnica é real, o ordenamento jurídico foi obrigado a enfrentar a introdução dessa nova tecnologia dentro do contexto social.

De um estado informal para um estado formal, com regras, ou seja, ordenamento jurídico, formado por diversas normas, que constituirão o arcabouço regulatório da convivência do conjunto, o Direito chega para regular novas relações.

Primeiro regras informais, numa estrutura informal, marcada pela tradição, depois o estado organizado, agora com forma definida e regras postas pelo conjunto, na verdade esse é o desafio até os dias atuais.

Com o estado organizado surgiu a necessidade de estabelecer regras que disciplinassem esse estado, fosse absolutista ou totalitário, essa regra maior chamou-se constituição, que tem nos dias atuais uma conceituação mais precisa e firme.

Estado que tinha por finalidade organizar a sociedade, porém começava a dar sinais de abuso no seu exercício, como limitar esse exercício, esse estado precisava de um limite, de uma regra maior, essa regra pensada foi a constituição, que teve na sua evolução vários períodos, o clássico, o moderno e o contemporâneo.

Na verdade toda evolução humana foi no sentido de atingir o interesse coletivo, beneficiar o conjunto, mas nem sempre isso foi atendido, muitas vezes o totalitarismo e o absolutismo levaram ao desvio no exercício do poder, servindo para o fortalecimento apenas de um grupo no exercício do poder.

A Constituição como regra maior na antiguidade não tem o mesmo sentido da constituição na modernidade, o estilo, modelo, forma são distintos, porém guardavam a noção de assegurar uma regra geral e superior.

Com os diversos períodos enfrentados pela humanidade na sua evolução, as constituições também espelhavam essa evolução, representando cada período um retrato do modelo de estado, mas que aos poucos foi absorvendo a luta por uma sociedade mais justa. Novelino destaca

> O constitucionalismo liberal clássico foi influenciado por pensadores como Locke, Mostesquieu, Rosseau, inspiradores das revoluções francesas e norte americana, bem como por Thomas Jefereson e os federalistas.
>
> O conceito de constituição alcançou o atual estágio de formalização no fim do século XVIII, com o surgimento das primeiras constituições escritas, rígidas, dotadas de supremacia e orientadas por princípios decorrentes de conhecimentos teóricos-científicos.

> Com a consagração de direitos civis e políticos nos textos constitucionais, surge a primeira dimensão dos direitos fundamentais, ligada ao valor liberdade.
>
> Com a revolução francesa ocorreu a primeira institucionalização coerente e com um certo caráter geral do Estado de Direito (Estado Liberal) não obstante serem encontrados precedentes mais ou menos imprecisos da idéia de "império da lei" na Antiguidade, na Idade Média e no ancien regime. (Novelino, 2012, 23)

O estado passou a ter uma constituição e com ela a sua primeira organização, que trouxe a garantia dos direitos civis e políticos, trazendo maior segurança jurídica, pois além de organizar o Estado ao mesmo tempo formava as gerações de direito para a proteção do cidadão.

Com a Revolução Francesa veio a organização do estado e nesse período surgiu a norma do dezoito do pluvioso, considerada a primeira norma que organizou a Administração Pública, tanto que a maioria dos administrativistas modernos considera esse ato como o representativo da criação do ramo do direito administrativo.

Organização do Estado, estruturação da Administração Pública, consagração dos direitos civis e políticos foram consequência da evolução do estado, do ordenamento jurídico e das regras de organização. Santamaria historia

> La historia de la administración es inseparable, em efecto, de la historia del próprio Estado: no solo porque durante buena parte de la evolución politica europea, Administración y Estado han sido, praticamente, uma y la misma cosa, sino también porque la estrutura administrativa constituye hoy, cuantativa y cualitativamente, el bloque central y hegemónico del aparato estatal. Pero, ante todo, la historia de la Administración y de su derecho solamente puedem compreenderse como la historia de unos instrumentos, organizativos y jurídicos, puestos al servicio del poder estatal: la historia politica de los Estados ocidentales, convulsa e contradictoria, parece cobrar sentido si se contempla desde la óptica de la tendência de esse pode a crecer de modo ilimitado, tanto em extensión como en intensidade. (Santamaria, 1194, 11)1

---

[1] Tradução minha. A história da Administração e inseparável, em efeito, da história do próprio Estado: não só porque durante boa parte da evolução política europeia, Administração e Estado há sido, praticamente, uma mesma coisa, como também porque a estrutura administrativa constitui hoje, quantitativa e qualitativamente, o bloco central e hegemônico do aparato estatal. Por isso, antes de tudo, a história da Administração e de seu Direito somente podem compreender-se como a história de uns instrumentos, organizativos e jurídicos, postos a serviço do poder estatal: a história política dos Estados ocidentais, confusa e contraditória, parece ter sentido quando se contempla desde a ótica da tendência desse poder crescer de forma ilimitada, tanto em extensão como em intensidade.

Com a constituição surgiram as garantias mínimas dos direitos civis e políticos, essas garantias passaram a assegurar e garantir a proteção dos cidadãos que antes viviam sob o julgo do absolutismo, afirma Alexy

> Sobre la base de la definición derecho funtamental porpusta por Carl Shimit, puede obtenerse, um critério que vincula elementos materiales e estrutucturales. Según ella, son " solos aquellos derechos que pertenecen al fundamento mismo del Estado y que, por lo tanto, son reconocidos como tales em la Constituición.(Alexy, 2001, 63).2

A Constituição passou a ser o repositório das garantias mínimas que o cidadão deveria ter, a lei maior de organização e segurança contra o abuso em geral, mas principalmente contra o abuso do próprio Estado.

Organização do Estado, com uma norma maior, a Constituição, garantia dos direitos, inicialmente, a liberdade, como um direito fundamental expresso, assim começou a organização dessa complexa engrenagem, como bem delineado por Santamaria

> Una de las característica más señaladas de todos los estados contemporâneos radica em la relevância que, dentro del aparato total de los mismos, posee su estrutura administrativa. Dentro del modelo formal de organización pública que el constitucionalismo europeo há exportado al resto del mundo, determinadas funciones estatales se confiam a órganos especializados, como poderes legislativo y judicial, y aunla própria jefatura del Estado; sin embargo, el bloque mayoritario de competências publicas se halla encomendada a um vasto complejo de organizaciones y personas situadas bajo la dependência directa del Gobierno o poder ejecutivo (o de las entidades em que el Estado se estrutura territorialmnente), que conocemos genericamente com el nombre de Administración pública. (Santamaria, 1994, 09)3

O Estado fundado em regras, com seu ordenamento jurídico, sistêmico, no qual sua estrutura foi delineada e exercendo suas competências por meio

---

2 Tradução minha. Sobre a base da definição de direito fundamental proposta por Carl Schimt, pode-se obter um critério que vincula elementos materiais e estruturais. Segundo ela, direito fundamentais são "só aqueles direito que pertecem ao fundamento mesmo do Estado e que por tanto, são reconhecidos como tais na Constituição.

3 Tradução minha. Uma das características mais assinaladas de todos os Estados contemporâneos está fundada na relevância que, dentro do aparato total dos mesmos, possui sua estrutura administrativa. Dentro do modelo formal de organização pública que o constitucionalismo europeu exportou para o resto do mundo, determinadas funções estatais se confiam a órgãos especializados, como os poderes legislativo e judicial, e um a própria chefia do Estado; sem embargo, o bloco majoritário de competências públicas está centrado num complexo de organizações e pessoas situadas abaixo da hierarquia direta do Governo e do poder executivo (o das entidades que o Estado se estrutura territorialmente) , que conhecemos genericamente com o nome de Administração pública.

de uma estrutura grandiosa, complexa e de difícil administração, que levou a Santamaria afirmar

> Em primer lugar, la complejidad y volumen de dicha organización. La Administración Pública es, sin duda, la mayor y más compleja organización que existe em la sociedades contemporâneas: ninguna emplea a tantas personas, que se cuentan por millones; ninguna maneja fondos em cuantia semejante, que supera el cicuenta por ciento del produto interior bruto de cada uno de los respectivos países; y, sobre todo, ninguna organización es tan diversa y aparentemente caótica em su estructutra interna. (Santamaria, 1994, 10)4

A Administração Pública foi concebida como a estrutura responsável para concretizar os direitos, garantias, serviços, enfim, todo o aparato para que o Estado venha exercendo suas atribuições e possa atender as necessidades da coletividade.

Após dois períodos autoritários próximos, o Estado Novo com Getúlio Vargas e o Regime Militar de 1964, o Brasil, ao final do mandato do último presidente militar, João Batista Figueiredo, reiniciou a redemocratização do país com a convocação de uma assembleia nacional constituinte.

No ano de 1986 foram eleitos os deputados e senadores da república, os quais receberam a incumbência da elaboração da nova constituição, fato que se concretizou em 05 de outubro de 1988.

A Nova Constituição de 1988 reestruturou a Administração Pública Brasileira, a partir do reequilíbrio e harmonia dos poderes, recompondo a repartição de competências e melhorando o exercício do poder no regime democrático.

Além de todas atribuições elencadas para o Poder Público, a Constituição Federal de 1988 estabeleceu um capítulo próprio para a proteção ambiental, diferente das constituições anteriores, capítulo que pelo princípio da simetria influenciou as constituições estaduais e as leis orgânicas municipais.

Os aspectos do capítulo do meio ambiente foram analisados nesse capítulo, mostrando seus aspectos importantes, fundamentais e que estabeleceram regras para cumprimento pelo poder público e pela comunidade.

[4] Tradução minha. Em primeiro lugar, a complexidade e volume de dita organização. A Administração pública es, sem dúvida, a maior e mais complexa organização que existe nas sociedades contemporâneas: nenhuma emprega tantas pessoas, que se contam por milhões; nenhuma administra fundos em quantia semelhante, que supera cinquenta por cento do produto interno bruto de cada um dos respectivos países; y, sobre tudo, nenhuma organização é tão diversa y aparentemente caótica em sua estrutura interna.

2. O MEIO AMBIENTE

A percepção da coletividade para a gravidade dos problemas ambientais ainda hoje é um tema objeto de estudos, debates e artigos científicos. Infelizmente esse despertar só aconteceu a partir do momento em que os danos ambientais tornaram-se sensíveis, gerando impactos significativos que puseram em risco a qualidade de vida para o conjunto da sociedade. Confirmando essa visão, Crespo

> Apesar das diferenças quanto a sensibilidade, informação e disposição para se envolver nas soluções dos problemas ambientais identificados, como veremos adiante, um dado foi constante nas três versões a pesquisa e preocupação: predomina uma visão "natural" e edênica" do meio ambiente. Independentemente da classe social, da escolaridade, da cor, do sexo e da religião, os brasileiros consideram o meio ambiente como sinônimo de fauna e flora. Ser ambientalista é defender a "natureza". Essa visão é corroborada por vários resultados da pesquisa. Primeiramente, o número de elementos que compõem o repertório cognitivo dos brasileiros é bastante restrito (Crespo, 2003, p. 66).

As últimas cinco décadas geraram um nível de degradação ambiental maior que os últimos cinco séculos, em virtude da velocidade e intensidade com que os danos foram perpetrados, pondo em perigo a continuidade de diversos ecossistemas. Milaré alerta que

> Num prazo muito curto – e que se torna sempre mais curto – são dilapidados os patrimônios formados lentamente no decorrer dos tempos biológicos, cujos processos não voltarão mais. Os recursos consumidos e esgotados não se recriarão. O desequilíbrio ecológico acentua-se a cada dia que passa (Milaré, 2009, p. 55)

Contudo, é correto afirmar atualmente que uma minoria tem de fato se preocupado, participado e colaborado na proteção ambiental. Infelizmente, a grande maioria da população assiste inerte o desenrolar dos acontecimentos, confiante que o sistema se autoregulará e que o ambiente será equilibrado naturalmente com o passar dos anos.

A consciência ambiental emergiu no momento em que os danos ambientais alcançaram seu patamar mais elevado, realmente essa constatação é inevitável, exatamente quando o índice de degradação foi para um patamar alarmante, fato que provocou o crescimento da necessidade de uma gestão ambiental e recrudescimento dos mecanismos de controle. Para Milaré

> O homem é "animal político" e "animal histórico". É indispensável, pois que as lições dos tempos históricos ensinem-no a respeitar as heranças

> ameaçadas dos tempos biológicos e geológicos que o precederam. Para tanto, é inadiável que ele mude sua política em relação ao ambiente, mediante um novo ordenamento ambiental da sociedade (Milaré, 2009, p. 61).

A constatação e experimentação de conseqüências negativas foi o agente catalisador da adoção de um sistema de gerenciamento ambiental, bem como da difusão de informações que possibilitaram a mudança de comportamento. O medo foi um agente importante na mudança de mentalidade, porém não foi um agente eficaz, pois convenceu apenas no momento de maior temor. Muitas vezes, passado o momento crítico o comportamento nocivo à integridade ambiental volta a ser praticado.

Infelizmente, porém verdadeira, foi a constatação de que nos países em que a legislação e os instrumentos de controle são muito rigorosos foi porque a consciência coletiva para preservação/conservação ambiental foi baixa.

O desafio é educar as futuras gerações para que compreendam o verdadeiro ensinamento de conviver harmoniosamente com o meio ambiente, proliferando a vida em todas as suas manifestações, uma vez que Carvalho; Santana

> Indiscutivelmente a escola tem um papel fundamental na formação de cidadãos, tendo em vista que os educadores são importantes formadores de opinião, valendo ressaltar a importância destes e da educação ambiental em particular no processo de clarificação do conceito de sustentabilidade – que não é conceito óbvio – e na construção junto aos pais, alunos, demais professores e comunidade de um modo geral, de alternativas viáveis de transformação (Carvalho Santana, 2010, p. 159).

A escola poderia ter trabalhado na formação de cidadãos, realizado atividades diversas sobre a conceituação do meio ambiente e como a sociedade entende esse ambiente, que não foi e não é uma tarefa fácil ou uma operação matemática, precisa e direta, na verdade foi extremamente complexo estabelecer uma conceituação específica sobre o ambiente, por isso tantas são as existentes até os dias atuais, com muitas objeções pela não abrangência.

A intenção não foi impor um conceito pré-estabelecido, pelo contrário, a proposta foi levar a uma reflexão com a finalidade de construir um conceito e formar um entendimento sobre o meio ambiente, base fundamental para a compreensão e entendimento sobre todo o sistema integrado em que o ambiente está envolto.

A complexidade das relações ambientais foi o primeiro passo a ser observado, na diretriz inicial para o entendimento de tudo que acontece nessa teia responsável pela continuidade da vida. Outro ponto interessante, seja qual for o ecossistema objeto de estudo, foi a interdependência entre as espécies, mesmo que o homem se coloque como centro de tudo, julgando-se superior as demais espécies vivas, não sobreviveria sem a dependência dos demais seres vivos. O mistério dessas relações complexas que regem a vida seja qual for a forma de manifestação.

A cadeia da vida montou uma estrutura interdependente, em que um ser depende do outro para continuar sua trajetória, mesmo que um se destaque, imponha seus caprichos, dependerá dos pequenos seres vitais para continuidade de sua existência. Nesse sentido Carpra afirma que

> a teoria dos sistemas envolve uma nova forma de ver o mundo e uma nova forma de pensar, conhecida como "pensamento de sistemas" ou "pensamento sistêmico". Significa pensar em termos de relações, padrões e contexto. O pensamento sistêmico foi elevado a um novo patamar nos últimos vinte anos com a criação da teoria da complexidade, uma nova linguagem matemática e um novo conjunto de conceitos para descrever a complexidade dos sistemas vivos. (Carpra, 2003, p. 21).

Inexorável a interdependência dos seres vivos, formando um conjunto que permite a continuidade da vida. A simples observação do cotidiano denotou essa característica, nas relações complexas e seqüenciais que abrigam, regem e sustentam a vida em todas as suas formas.

A capacidade de renovação é outra coisa intrigante, pois mesmo quando o ambiente está extremamente degradado, a vida reage, suporta e revigora, retornando a um estágio de não degradação, todavia, nem sempre foi assim, muitas vezes a situação é irreversível, a degradação chega a um patamar que não tem mais como reverter o quadro de degradação causada pela ação humana.

O ambiente é constituído por relações complexas, interdependentes, com capacidade de renovação, essas são características marcantes do ambiente em que todos estão inseridos, como bem advertiu Leff (1998).

Inegável que a ação humana foi marcante e preponderante no planeta, contudo foi a observação das populações tradicionais que chamou atenção, porque sempre mantiveram com o ambiente uma relação harmoniosa, retirando do meio o seu sustento, contudo sem por em risco a continuidade daquele ecossistema.

Na verdade, o homem moderno tem mantido uma relação com o ambiente bem distinta, de fato belicosa, que gerou submissão e imposição, na qual existiu uma desarmonia entre os desejos humanos e a sustentabilidade do ambiente, levando a um cenário de degradação que retrata o contexto do mundo atual. Como assinala Sachs que o

> Nosso problema não é retroceder aos modos ancestrais de vida, mas transformar os conhecimentos dos povos dos ecossistemas, decodificado e recodificado pelas etnociências, como um ponto de partida para a *invenção de uma moderna civilização de biomassa*, posicionada em um ponto completamente diferente da espiral de conhecimento e do progresso da humanidade. O argumento é que tal civilização conseguirá cancelar a enorme dívida social acumulada com o passar dos anos, ao mesmo tempo que reduzirá a dívida ecológica (Sachs, 2002, p. 31).

A compreensão da dinâmica ambiental foi formada a partir da observação e estudo das relações complexas, interdependentes e com capacidade de renovação que regem a teia da vida. No instante que essa misteriosa teia ficou clara no consciente coletivo, foi possível construir um conceito de meio ambiente, fruto da observação, admiração e compreensão.

A partir do entendimento e da compreensão, bem como da complexidade das relações ambientais foi possível internamente projetar e elaborar um conceito de meio ambiente, que não vem como imposição de algum escritor, mas como fruto do decifrar dessa imensa teia da vida, realmente emblemática, difícil de compreender, contudo esplêndida na sua observação. Cada recorte de observação de um determinado ecossistema representou um fragmento de intensa complexidade.

As reflexões de Coimbra ao afirma que o

> Meio ambiente é o conjunto dos elementos abióticos (físicos e químicos) e bióticos(flora e fauna), organizados em diferentes ecossistemas naturais e sociais em que se insere o homem, individual e socialmente, num processo de interação que atenda ao desenvolvimento das atividades humanas, à preservação dos recursos naturais e das características essenciais do entorno, dentro das leis da natureza e de padrões de qualidade definidos (Coimbra, 2005, p. 33).

Outro pensador contemporâneo, James Lovelock fez considerações sobre a ocupação do planeta pelo homem, a partir de uma imagem figurada de um médico estrelar que atende no divâ o Planeta Terra, fazendo uma anamnese e descobrindo todos os males que afetam a Terra. Salientando o referido autor e refletindo sobre a ocupação do planeta e como o homem foi destruindo paulatinamente os ecossistemas, pondo em risco a continuidade da vida.

> O Planeta Terra vem mantendo o seu equilíbrio, mesmo com toda degradação perpetrada até os dias atuais, manteve seu ritmo sistêmico num parâmetro lento e adequado, sem transtornos aos ecossistemas, esse foi o ponto fundamental, como bem clarifica Rockstron:

> During the Holocene, environmental change ocorrude naturally and Erath's regulatory capacity maintainede conditions enable human development. Regular temperatures, flashwateravailaibility, and biogerchimecal flows all staeyd within narrow range (Rockstron, 2009, vol. 46, p.):[5]

Na verdade a trajetória humana sobre a Terra foi e é semelhante a um vírus, que ao se instalar no seu hospedeiro consome toda a energia do mesmo, levando às vezes o hospedeiro ao falecimento, essa tem sido a trajetória humana sobre a Terra, consumindo toda energia disponível, caminhando para uma situação de esgotamento dos ecossistemas planetários, pondo em risco o equilíbrio vital para a mantença da vida. A reflexão abaixo traduz o reflexo de quanto se faz necessária à gestão do planeta uma vez que Lovelock afirma

> Rejeitei categoricamente a ideia de gestão ou administração do planeta, na medida em que ela implica tomar conta da Terra. Proponho em vez disso que aprendamos a viver como algo que faz parte da Terra, governando-nos a nós próprios e dando e recebendo humildemente as dádivas que nos sustentam, a todos os que vivemos neste planeta (Lovelock, 1991, p. 239).

O autor convidou todos para uma mudança extrema de comportamento, ou seja, alterar o padrão majoritário de exploradores das potencialidades do planeta para um comportamento harmônico com a Terra, partindo da premissa que todos fazem parte do mesmo ecossistema e necessitam cuidar da casa comum.

De fato, tanto Lovelock (1991) como Coimbra (2001) incentivaram a reflexão sob a posição adotada pelo homem em relação ao Planeta Terra. Explorador implacável, destruidor incansável, interventor permanente, são características do comportamento humano. O objetivo foi transformar essa postura agressiva em um comportamento harmonioso e equilibrado, e isso só será possível quando o homem compreender o que é o ambiente e entender principalmente que faz parte dele, devendo evitar comportamentos que coloquem em risco os ecossistemas, pois aos destruí-los está desconectando os elos vitais do equilíbrio planetário, como disse Leff

> a construção de uma racionalidade ambiental implica a formação de um novo saber e a integração interdisciplinar do conhecimento, para explicar o comportamento de sistemas socioambientais complexos. O saber

---

5 Tradução própria – Durante o Holoceno, ocorreram mudanças ambientais naturalmente e a Terra manteve a capacidade de regulação, garantidora da manutenção das condições de desenvolvimento da vida humana. Temperatura regulada, água doce disponível e fluxos da biodiversidade mantidos dentro de estreitas relações.

> ambiental problematiza o conhecimento fragmentado em disciplinas e a administração setorial do desenvolvimento, para construir um campo de conhecimentos teóricos e práticos orientado para a rearticulação das relações sociedade-natureza. Este conhecimento não se esgota na extensão dos paradigmas da ecologia para compreender a dinâmica dos processos socioambientais, nem se limita a um componente ecológico nos paradigmas atuais de conhecimento. O saber ambiental excede as "ciências ambientais", constituídas como um conjunto de especializações surgidas a incorporação os enfoques ecológicos às disciplinas tradicionais – antropologia ecológica; ecologia urbana; saúde, psicologia, economia e engenharia ambientais - e se estende além do campo de articulação das ciências (LEFF, 1986/2000), para abrir-se ao terreno dos valores éticos, dos conhecimentos práticos e dos saberes tradicionais (Leff, 2001, p. 145).

Esse novo saber ambiental definido por Leff (2001) trabalhou as questões da sustentabilidade, racionalidade, complexidade e poder, com o fito de entender as relações complexas e tensas entre sociedade-natureza. Esse saber ambiental não tem sido o parâmetro para compreensão dessas relações, na questão dos recursos hídricos isso foi bem perceptível ao se constatar que a visão reducionista tem prevalecido na esfera de planejamento e execução de políticas públicas.

Um fato bem ilustrativo dessa visão equivocada foi a posição do então Ministro da Integração Regional, ex- governador do Estado do Ceará, Ciro Gomes, no ano de 2003, numa entrevista nacional, quando afirmou que a transposição de águas do rio São Francisco era possível porque toda a água que o rio São Francisco despejava no mar era perdida, sem função ecológica alguma, defendendo inclusive a vazão zero, como efetivado em outros países.

A água doce lançada ao mar foi compor toda reserva necessária para os ecossistemas estuarinos, integrando-se e possibilitando a continuidade da vida, não há água perdida, existiu de fato integração ecossistêmica, dentro das lições apresentadas por Leff (2001), do qual se faz necessário que a humanidade compreenda e entenda essa complexa integração, esse novo saber ambiental.

Essa visão refletiu a compreensão do ambiente, que de fato sempre foi complexa, integrativa e alargada, sendo na verdade a junção de todos os seres vivos, de quaisquer espécimes e tipo, que faz com que a vida resplandeça, em razão da integração, esse foi o ponto fulcral para se entender a dinâmica ambiental. Portanto, a construção do conceito de meio ambiente caberá a cada cidadão a partir da observação dos ecossistemas, passo fundamental para compreender a complexidade que move a manutenção permanente da teia da vida.

O sistema de proteção ambiental brasileiro tem duas fases, antes da Constituição de 1988 e depois, pois não obstante a Lei 6.938/81, a Lei 7.347/85 e outras normas serem anteriores à elaboração da Carta Magna de 1988, foi a partir do estabelecimento de um capítulo do meio ambiente na Carta de 1988 que o país passou a ter um sistema jurídico de proteção ambiental.

A norma constitucional introduziu um capítulo específico, estabelecendo obrigações para o poder público e para a coletividade, e em seguida elencou deveres inerentes às esferas do Poder Público: Federal, Estadual, Municipal, e do Distrito Federal.

Os comandos constitucionais estabeleceram todo o sistema de proteção ao meio ambiente, cabe salientar também que os dispositivos relativos ao meio ambiente não foram apenas os do art. 225, ficaram presentes também em outros capítulos do texto constitucional. Milaré ao tratar do assunto diz

> a esse texto – tido como o mais avançado do Planeta em matéria ambiental, secundados pelas cartas estaduais e leis Orgânicas Municipais – vieram somar-se novos e copiosos diplomas oriundos de todos os níveis do Poder Público e da hierarquia normativa, voltados a proteção do desfalcado patrimônio natural do País (Milaré, 2009, p. 147).

Apesar da Lei de Política Nacional do Meio Ambiente ser anterior a Constituição de 1988, na verdade, foi após a promulgação do referido texto que a tutela ambiental alcançou uma sistematização e refletiu na elaboração dos textos das Constituições Estaduais. A partir desse fato político e jurídico ocorreu uma melhoria do sistema de proteção ambiental, com maior estruturação normativa e administrativa, não obstante o estágio atual do Sistema Nacional do Meio Ambiente (SISNAMA) ser ainda distante do desejado.

O SISNAMA, já existia antes da Constituição de 1988, contudo, o seu fortalecimento veio com as normas inseridas na Lei Maior, principalmente com a autonomia conferida aos Municípios, que passaram a integrar o sistema federativo brasileiro.

A inserção do Município no contexto federativo, o reconhecimento da sua autonomia, as normas elencadas no art. 225 da CF de 1988, os demais dispositivos da CF, as atribuições conferidas ao Ministério Público para a defesa e proteção do meio ambiente, as competências dos Estados Federados, o sistema normativo desencadeado após a Carta Magna e outros fatores proporcionaram a conclusão de que a sistematização da proteção ambiental passou a ocorrer depois de 1988.

Cabe salientar que a inserção dos Municípios no sistema federativo foi importante, não obstante a maioria desses entes federativos ainda não exerçam adequadamente suas competências ambientais, por isso, se faz necessário um apoio institucional dos demais entes federativos no sentido de possibilitar a estruturação administrativa, legislativa e operacional para implementação de um sistema de gestão ambiental. Cabe registro, de que teve início um programa governamental para implantação do Sistema Nacional de Meio Ambiente, com o fortalecimento das ações municipais.

É um sistema em montagem, isso ficou bem claro com o traçado do cenário brasileiro, onde os Municípios estão distantes do exercício de suas autonomias, os Estados Federados com raras exceções não possuem órgãos ambientais bem estruturados e a União não obstante a defasagem de pessoal possui a melhor estrutura da federação, contudo com limitações. Esse desafio foi bem observado por Mateo ao destacar que na

> América latina existem vários textos de esta hechura el primero de los cuales es el Código Ambiental Colombiano de 1974 cuya redacion fue auxiliada por CANO uno de más significativos líderes mundial es del Derecho Ambiental, igualmente, La Ley venezoelana de 1976 y laLey Federal de Proteccion del Ambiente do mexico, 11 de enero de 1982, posteriormente modificada em 1988 com la denominación de Ley General del Equilibrio Ecológico y La Proteccion al Ambiente. Está también la Ley de Medio Ambiente del Brasil de 1981, profundamente alterada por otras posteriores como la de 24 de julio de 1985 sobre asociaciones y, sobre todo, por la Constitución de 1988, que este aspecto debe mucho a Leme Machado (Mateo, 1991, p. 73)[6].

O desafio institucional foi a implementação de uma política ambiental nacional, pois as instituições foram revigoradas, o sistema normativo edificado, o Ministério Público cumpriu seu papel de fiscal da sociedade, porém falta a implementação que visualize para o conjunto da sociedade o funcionamento de todo esse aparato de proteção ambiental. Essa tarefa pertence às instituições e ao conjunto da sociedade, que ainda não executaram essa norma constitucional, pois o dever de proteção e defesa do meio ambiente, pelo texto constitucional, está repartido entre o Poder Público e a coletividade.

---

[6] Tradução própria - Na América Latina existem vários textos o primeiro foi o Código ambiental Colombiano de 1974 cuja redação foi auxiliada por CANO, um dos mais significativos líderes do Direito Ambiental, igualmente, a lei venezoelana de 1976 e a lei de proteção do meio ambiente do México, de 08 de janeiro de 1982, posteriormente modificada em 1988 para Lei Geral do Equilíbrio Ecológico e da proteção Ambiental. Também a Lei de meioa Ambiente do Brasil de 1981, alterada posteriormente pela Lei de 24 de julho de 1985, das associações, e sobre tudo, pela Constituição de 1988, que nesse ponto deve muito a Leme Machado.

3. O ESTADO E O SISTEMA CONSTITUCIONAL

A história da humanidade foi marcada por diversas fases, a idade antiga, a idade média e a idade moderna e agora a pós-modernidade. Cada período com suas peculiaridades, forma de exercício do poder e regras de convivência. Berloffa enfatiza que

> Os primeiros Estados, como se tem apurado pelos maiores doutrinadores e estudiosos do assunto, teriam surgido, originariamente, em decorrência natural da evolução das sociedades humanas primitivas. Tratar-se-ia, então, de uma evolução paulatina e lenta dessas comunidades primitivas, no sentido da instauração de uma forma política definida (Berloffa, 2004, p. 69).

A idade antiga marcada pelas teocracias, estruturas de estado fundadas na religião, não havendo separação entre o Estado e a religião, sendo muitas vezes as regras religiosas que ditavam as normas de funcionamento do Estado e os direitos individuais.

A idade média marcada pelo absolutismo e os sistemas feudais, havendo concentração do poder em mãos do rei de forma absoluta, que as impunha a força o seu cumprimento e nos feudos aonde seus dominantes também impunham as regras na mesma linhagem. Esse sistema rigoroso, concentrado em pessoas e não em regras, em que o rei absoluto podia decidir sobre tudo e todos foi gerando desigualdades até romper definitivamente como aconteceu na Revolução Francesa, que representou o momento de rompimento com o absolutismo e início do Estado Moderno, sustentado no princípio da legalidade e no estado constitucional. Farias afirma que a

> moderna noção de Estado adveio com a Revolução Francesa, em 1789, que deu início a Idade Contemporânea. O movimento acarretou a queda da monarquia então imperante naquele país, proclamando-se a república, e aprovou a Declaração do Homem e do Cidadão, prevendo em sua cláusula XVI, a separação dos poderes estatais (Executivo, com atribuições administrativas; Legislativo, com função de formular e aprovar leis; e Judiciário, com a missão de dirimir os conflitos porventura existentes). Um dos princípios norteadores da revolução foi o da liberdade, ideia que se propagou em diversas nações ocidentais (Farias, 2010, p. 63).

Vale ressaltar que o Reino Unido e a Alemanha também sofreram mudanças não da mesma forma ocorrida no sistema francês, mediante uma revolução armada, mas transformação gradual, porém sistêmica. Duas grandes obras marcaram essa época, O Espírito das leis de Monstesquieu e O Governo Civil de John Locke, representaram essa nova dimensão.

O governo limitado pela legalidade, que tinha respaldo na vontade geral, o Estado disciplinado numa lei maior, a Constituição, essas foram às novas características do Estado Moderno, além da tripartição do poder, para evitar a concentração nas mãos de um só e possibilitar um exercício limitado do poder, voltado para o interesse geral, como enfatiza Berloffa (2004).

Isso não significou que com a revolução francesa abusos não ocorreram mais, pelo contrário, o Estado Francês viveu momentos de conturbação, mesmo depois da nova ordem instalada. Na verdade, uma observação geral poderá identificar que os Estados Modernos nas últimas décadas vêm desenvolvendo mecanismos para o controle do exercício do poder, pois no século passado, principalmente na América Latina foram registrados momentos de rompimento do estado democrático.

Dessa forma, nas últimas décadas, um movimento mundial pugnou pelo estado democrático constitucional de direito, com instituições sólidas, regras claras e controle do exercício do poder, para assegurar a vontade do povo e o exercício do poder em seu nome, controlado por regras e não pela vontade de um governante. Para Canotilho:

> Qualquer que seja o conceito e justificação do Estado – e existem vários conceitos e várias justificações – o Estado só se concebe hoje como Estado Constitucional. Não deixa, porém, de ser significativo que esta expressão – Estado constitucional – tenha merecido decisivo acolhimento apenas na juspublicistica mais recente. Sabemos já que o Constitucionalismo procurou justificar um Estado submetido ao direito, um Estado regido por leis, um Estado sem confusão de poderes. Numa palavra: tentou estruturar um Estado com qualidades, as qualidades que fazem dele um Estado Constitucional. Um Estado Constitucional, para ser um Estado com as qualidades identificadas pelo constitucionalismo moderno, deve ser um Estado democrático de direito. Eis aqui as duas grandes qualidades do Estado constitucional: Estado de Direito e Estado Democrático. Essas duas qualidades surgem muitas vezes separadas. Fala-se em estado de direito, omitindo-se a dimensão democrática, e alude-se a estado democrático silenciando a dimensão de Estado de direito. Esta dissociação corresponde, por vezes, a realidade das coisas: existem formas de domínio político onde este domínio não está domesticado em termos de Estado de direito e existem Estados de direito sem qualquer legitimação em termos democráticos. O Estado constitucional democrático de direito procura estabelecer uma conexão interna entre democracia e Estado de Direito (Canotilho, 1998, p. 88 e 89).

O direito vem evoluindo para conter os abusos que ocorreram ao longo dos últimos anos, porém as regras de controle também evoluíram, por exemplo, o Brasil adotou a Lei de Responsabilidade Fiscal, para controle de gastos, além da Lei Orçamentária. Outro exemplo interessante foi o caso da Lei de Licitação, 8.666/93, a qual estabeleceu regras para compras e contratação de serviços e obras, uma forma de controlar o dinheiro arrecado do povo e para ser gasto no seu interesse, de fato foi a construção do Estado Democrático Constitucional de Direito desenhando por Canotilho (1999).

Diversos são os exemplos que o Estado Moderno, construiu uma ordem jurídica voltada a assegurar o interesse público, limitar o exercício do poder e garantir de fato um regime democrático para o conjunto da sociedade.

Os Estados Constitucionais modernos foram centrados na democracia, participação e princípio republicano, como no caso brasileiro, que no art. 1º estabelece o seguinte:

> Art. 1º. A República Federativa do Brasil, formada pela união indissolúvel dos Estados e Municípios e do Distrito Federal, constitui-se em Estado Democrático de Direito e tem como fundamentos:
>
> I - a soberania;
>
> II - a cidadania;
>
> III - a dignidade da pessoa humana;
>
> IV - os valores sociais do trabalho e da livre iniciativa;
>
> V - o pluralismo político;
>
> Parágrafo único. Todo o poder emana do povo, que o exerce por meio de representantes eleitos, ou diretamente, nos termos desta Constituição.

Uma constituição legítima, marcada pelo desejo do povo de editá-la, por meio de seus representantes, regras democráticas, construção democrática e participativa do direito e limitações ao exercício do poder, como forma de assegurar o funcionamento do Estado dentro dos limites do interesse público.

Dessa forma, o que se buscou dentro de um regime democrático, sustentado na vontade do povo, como no Brasil, foi que as regras representassem a vontade do povo, num processo participativo e transparente, espelhado no desejo da construção de um estado constitucional democrático de direito.

Nessa esteira de ideais o Brasil convocou uma Assembleia Nacional Constituinte, que elaborou e promulgou a Constituição de 1988, representando o dia 05 de outubro de 1988, o dia em que o estado autoritário foi definitivamente banido, pois a partir daquele dia passava a vigorar um estado democrático, uma constituição legítima, fundada na vontade do povo e desaparecia a constituição outorgada, fruto da vontade de poucos que exerciam o poder de forma autoritária, consagrando a vontade democrática da maioria, como discorre Novelino

> As profundas alterações operadas na estrutura dos direitos fundamentais e do Estado de Direito foram determinantes para o surgimento de uma nova etapa do constitucionalismo. O marco histórico do constitucionalismo moderno, que também pode ser designado como constitucionalismo social, tem seu início pouco antes do fim da Primeira Grande Guerra Mundial. (Novelino, 2012, p. 27).

Nas novas regras editadas com a Constituição de 1988, surgiu o capítulo do meio ambiente, dentro da ordem econômica, visando assegurar proteção e garantias ao ambiente no Brasil. De forma ampla, irrestrita, o art. 225 da Constituição de 1988, representou de fato uma nova ordem em matéria de proteção ambiental, levando Silva (2011) a afirmar que a nova constituição foi de fato ambientalista.

Além da proteção ampla, outro paradigma fundamental foi inserido no texto da Lei Maior de 1988, o domínio público das águas, dividido entre União (art. 20) e Estados (art. 25), excluídos os Municípios e os particulares. Dessa forma, todos os artigos do Código de Águas de 1934, que falavam em proprietário de nascentes e de águas, estão revogados, bem como os artigos do Novo Código Civil que falam em proprietário de nascente são inconstitucionais, pois o novo paradigma é apenas o domínio público.

Na nova ordem jurídica brasileira, bem defendido por D'Isep (2010) apenas subsiste domínio público das águas, inexistindo a possibilidade de domínio privado, por isso em nosso país não há risco de privatização de mananciais, o que pode ser feito é apenas a descentralização, mediante concessão pública para captação, tratamento e distribuição, mas o domínio público está mantido e estará controlado, esclarecendo melhor a Lei 9433/97 assegurou o domínio público da água e a Lei 8987/85 que disciplinou as concessões e permissões públicas, assim caso o Estado deseje delegar a terceiros o tratamento da água e outros serviços, utilizará a última Lei citada.

A Constituição de 1988 redemocratizou e reestruturou o Estado Brasileiro, devolveu o parâmetro democrático de exercício do poder, firmou compromisso sério com o ambiente, guindou sua proteção a condição de direito fundamental e assegurou que a água só poderá ficar no domínio público, mostrando a importância e a delimitação do interesse público. Nesse sentido afirma Pessoa

> Após todas as análises empreendidas no presente artigo, pode-se fixar que, em primeiro lugar, o•meio ambiente ecologicamente equilibrado é dever fundamental de terceira dimensão que deve ser efetivado através de políticas públicas garantidoras de sua preservação (Pessoa, 2010, p. 144).

A Constituição Brasileira de 1988 tratou do meio ambiente em diversos artigos e, especificamente, criou o capítulo VI, no título VIII da Ordem Social, cujo art. 225 trata especificamente do meio ambiente como bem comum.

O meio ambiente vem referido na Constituição em diversos artigos, assim estabelecidos:

> No art. 5º, LXXIII, garantindo a qualquer cidadão a interposição de ação popular que vise a anular atos lesivos ao patrimônio público, inclusive ao meio ambiente.
>
> O art. 20 considera, entre os bens da União, as terras devolutas indispensáveis à defesa do meio ambiente.
>
> No art. 23 está incluída a competência comum da União, dos Estados, do Distrito Federal e dos Municípios, para proteger as paisagens naturais notáveis e o meio ambiente, combater a poluição em qualquer de suas formas e preservaras florestas, a fauna e a flora.
>
> O art. 24estabelece a competência concorrente da União, dos Estados e do Distrito Federal, para legislar sobre florestas, caça, pesca, fauna, conservação da natureza, defesa do solo e dos recursos naturais, proteção ao meio ambiente e controle da poluição, bem como sobre danos ao meio ambiente.
>
> No art. 91, § 1º, III, está estabelecida a atribuição do Conselho de Defesa Nacional em opinar, entre outras matérias, sobre as áreas relacionadas com a preservação dos recursos naturais.
>
> No capítulo do Ministério Público, especificamente no art. 129, III, está estatuída a competência para promoção de inquérito civil e ação civil pública em defesa do meio ambiente.
>
> No estabelecimento dos princípios que regem a Ordem Econômica, está a defesa do meio ambiente, conforme art. 170, VI.
>
> Aqueles que atentarem contra a Ordem Econômica estão sujeitos à responsabilidade, tanto as pessoas jurídicas como as físicas, conforme art. 173, § 5º.
>
> No art. 174, § 3º, vem consignado que o Estado incentivará atividades garimpeiras, desde que haja a proteção ao meio ambiente.
>
> O art. 186 reconhece que a propriedade tem uma função social e esta deve estar acoplada à preservação do meio ambiente.

> As normas que tratam do Sistema Único de Saúde, estabelecem a sua competência para colaborar com a proteção do meio ambiente, inclusive o do trabalho, estão contemplados pelo art. 200, VIII.
>
> O art. 220, § 3º, II, determina a competência da legislação federal para estabelecer os meios de defesa contra a propaganda de produtos e práticas de serviços que possam ser nocivos à saúde e ao meio ambiente.
>
> O art. 231, § 1º, disciplina as terras indígenas e a questão da preservação dos recursos ambientais.

A inclusão da preocupação com o meio ambiente na nova Constituição brasileira foi fundamental para o alcance de uma estrutura jurídica no direito brasileiro que possibilitasse a implementação de instrumentos eficazes para a proteção ambiental. Este fato histórico foi um marco extraordinário para os que militavam em favor da proteção do meio ambiente, pois a questão, a partir daquela data, estava constitucionalizada. Silva (2010) afirmou que esta foi uma Constituição ambientalista, por ter tratado desta questão em diversos dispositivos, instrumentalizando o poder público para o exercício da proteção ambiental.

Interessante registrar a faculdade de controle assegurada ao cidadão, quando pode ajuizar ação popular para ir de encontro, na esfera do judiciário, aos atos lesivos ao meio ambiente, como bem esclarece Pessoa (2011). Este dispositivo representou o fortalecimento da cidadania, quando colocou à disposição do cidadão um mecanismo de controle para garantir a integridade de um bem que lhe pertence, o meio ambiente.

Bonavides (2009) afirmou que o meio ambiente é um direito humano fundamental de terceira geração e universal, num grau mais alto de juridicidade, positividade e eficácia. Assim, foi o meio ambiente erigido a uma categoria de direito fundamental, com expressa proteção constitucional, podendo o cidadão recorrer ao Poder Judiciário para assegurar esse direito que lhe foi assegurado de forma clara e universal.

O reconhecimento ao cidadão de instrumentos de tutela do meio ambiente foi o reconhecimento do seu caráter de direito humano fundamental. Guerra Filho (1999) interpreta muito bem a tutela processual do meio ambiente, quando assevera que:

> a tese principal que aqui se pretende sustentar seria, então, a de que o processo de tutela do meio ambiente deve ser desenvolvido conscientemente como diverso do processo civil, como um processo de natureza constitucional, da mesma forma como as ações, previstas em nosso ordenamento jurídico para garantir o direito fundamental ao meio ambiente são ações constitucionais, sendo elas próprias, igualmente, direitos

(ou garantias) fundamentais, constantes do elenco do art. 5º da Constituição da República. São elas a ação popular, a ação civil pública, o mandado de segurança coletivo e o mandado de injunção (cf. nesse sentido, v.g. E.MILARÉ, 1990,p. 32 s.). (1999, p. 113 e 114). (Guerra Filho, 1999, . 113 e 114)

Ao cidadão foi assegurado o direito subjetivo constitucional de buscar no aparelho judicial uma tutela processual para uma lesão ou ameaça de lesão do seu direito fundamental ao meio ambiente ecologicamente equilibrado.

O meio ambiente, como direito humano fundamental, gerou para o Poder Público, em todas as esferas, o dever de protegê-lo, uma vez que o sistema de repartição de competências estabeleceu a competência comum da União, dos Estados, dos Municípios e do Distrito Federal para a proteção do meio ambiente, de fato, todos deverão adotar medidas protetivas ao meio ambiente. Com esta norma todas as esferas do Poder Público passaram a dispor de mecanismos de controle ambiental, estabelecidos tanto nas Constituições Estaduais, como nas Leis Orgânicas Municipais. Este fato foi considerado um avanço importante porque distribuiu a responsabilidade ambiental com as diversas esferas de poder dentro da federação, como forma também de assegurar ao cidadão o seu direito fundamental. O capítulo do meio ambiente na Carta Magna de 1988 veio assegurar o direito fundamental ao meio ambiente equilibrado ao conjunto da sociedade, de forma universal, obrigacional e garantidora do equilíbrio ecológico.

De forma universal quando estendeu esse direito indistintamente a todos, brasileiros ou estrangeiros, bastando estar dentro do território brasileiro para ter o amparo da Constituição nesse direito fundamental. A Constituição Federal de 1988 estabeleceu o alcance da sua norma ambiental protetiva a todos que estejam no território nacional, independente de ser cidadão brasileiro ou não, assim, foi de fato a concretização do direito fundamental garantido pelo Estado do ambiente equilibrado como um bem de todos, essa foi a *mens legis* do legislador constituinte brasileiro.

Obrigacional, também, quando estabeleceu que o Poder Público, e a coletividade, estão com o dever constitucional da defesa e proteção do ambiente de todos. Compartilhamento de responsabilidades, sem olvidar que as obrigações públicas foram elencadas expressamente no texto da Constituição de 1988. Nesse contexto, a Lei Maior elencou obrigações inerentes ao poder público como forma de assegurar a efetividade ao ambiente equilibrado. As obrigações do Poder Público, em todas as esferas foram delineadas de forma bem clara e precisa, bastando o exercício do poder de polícia e a aplicação do direito administrativo sancionador.

Garantidora, pois a Magna Carta estabeleceu mecanismos gerenciais para efetivar a proteção do ambiente, com a finalidade de assegurar eficazmente a proteção necessária, suficiente para assegurar o ambiente desejado, num ambiente complexo e que exige do Poder Público um esforço interdisciplinar, como enfatizou Antunes ao afirmar que

> O direito estabelecido pelo artigo 225 é bastante complexo e possui uma enorme gama de implicações em sua concepção mais profunda. Para a conceituação o conteúdo desse direito, são necessários diversos recursos a conhecimentos que não são jurídicos. Configura-se, assim, a interdisciplinariedade da matéria ambiental (Antunes, 2011, p. 58).

Não restam dúvidas que a Constituição de 1988 avançou em matéria ambiental, criando novos mecanismos de atuação, mas isto não significa que não existem críticas e divergências quanto aos termos utilizados na Carta Magna, entendendo alguns que eles não são aceitos com unanimidade pelas diversas ciências que estudam o meio ambiente. Silva tem o seguinte entendimento sobre a referida discussão:

> A literatura ambientalista não definiu ainda o que se deve entender por processos ecológicos e ainda deixa margem a dúvidas sobre o que se deve entender por manejo ecológico das espécies e ecossistemas. Inútil buscar a definição desses conceitos pré-jurídicos, que se hão de procurar na ciência jurídica. São conceitos pré-jurídicos que se hão de buscar nas ciências ecobiológicas. Nossa tentativa de estabelecê-los começa e segue por esse caminho, o que nos exige, em primeiro lugar, a fixação do conceito de ecologia, equilíbrio ecológico e daí o meio ambiente ecologicamente equilibrado, para enfim, chegarmos ao conceito jurídico chave de conservação ecológica, base da proteção constitucional do meio ambiente (Silva, 2011, p. 54).

Assim, observa-se que existem problemas no meio jurídico, quanto ao enfrentamento de alguns termos inseridos no texto constitucional: no entanto, com base na doutrina existente, deve-se ir ao encontro do sentido desejado pelo legislador constituinte, no capítulo referente ao meio ambiente, ou melhor, à finalidade da norma.

O hermeneuta ambiental deve exercer sua interpretação partindo da ótica da proteção e defesa da vida como bem maior, não só da vida humana, mas de qualquer forma de manifestação da vida, partindo da compreensão que a teia da vida integra todos e existe uma interdependência para continuidade da vida no planeta.

Interpretar de forma a retirar do texto da lei o sentido de proteção à continuidade da vida, objetivo maior da norma, evitando que as questiúnculas políticas e jurídicas prejudiquem uma interpretação favorável a proteção da vida, isto seria amesquinhar a norma Maior, que é garantidora da proteção ambiental.

As dificuldades hermenêuticas serão enfrentadas de forma interdisciplinar, pois a complexidade dos termos e conceitos estarão presentes sempre, exigindo de todos operadores maior cuidado, melhor aprimoramento e principalmente exercício da interdisciplinariedade.

O enfrentamento deve ter início com a análise do capítulo do meio ambiente, ponto de partida para a interpretação do sistema jurídico de proteção ambiental edificado pelo legislador constituinte de 1988. O artigo 225, da Constituição Federal, assim dispõe:

> Art. 225 - Todos têm direito ao meio ambiente ecologicamente equilibrado, bem de uso comum do povo e essencial à sadia qualidade de vida, impondo-se ao Poder Público e à coletividade o dever de defendê-lo e preservá-lo para as presentes e futuras gerações.
>
> § 1º - Para assegurar a efetividade desse direito, incumbe ao Poder Público:
>
> I - preservar e restaurar os processos ecológicos essenciais e prover o manejo ecológico das espécies e ecossistemas;
>
> II - preservar a diversidade e a integridade do patrimônio genético do País e fiscalizar as entidades dedicadas à pesquisa e manipulação de material genético;
>
> III - definir, em todas as unidades da Federação, espaços territoriais e seus componentes a serem especialmente protegidos, sendo a alteração e a supressão permitidas somente através de lei, vedada qualquer utilização que comprometa a integridade dos atributos que justifiquem a sua proteção;
>
> IV - exigir, na forma da lei, para instalação de obra ou atividade potencialmente causadora de significativa degradação do meio ambiente, estudo prévio de impacto ambiental, a que se dará publicidade;
>
> V - controlar a produção, a comercialização e o emprego de técnicas, métodos e substâncias que comportem risco para a vida, a qualidade de vida e o meio ambiente;
>
> VI - promover a educação ambiental em todos os níveis de ensino e a conscientização pública para a preservação do meio ambiente;
>
> VII - proteger a fauna e a flora, vedadas na forma da lei, as práticas que coloquem em risco sua função ecológica, provoquem a extinção de espécies ou submetam os animais a crueldade;

§ 2º - Aquele que explorar recursos minerais fica obrigado a recuperar o meio ambiente degradado, de acordo com a solução técnica exigida pelo órgão público competente, na forma da lei.

§ 3º - As condutas e atividades consideradas lesivas ao meio ambiente sujeitarão os infratores, pessoas físicas ou jurídicas, a sanções penais e administrativas, independentemente da obrigação de reparar os danos causados.

§ 4º - A Floresta Amazônica brasileira, a Mata Atlântica, a Serra do Mar, o Pantanal Mato-Grossesense e a Zona Costeira são patrimônio nacional, e sua utilização far-se-á, na forma da lei, dentro de condições que assegurem a preservação do meio ambiente, inclusive quanto ao uso dos recursos naturais.

§ 5º - São indisponíveis as terras devolutas ou arrecadadas pelos Estados, por ações discriminatórias, necessárias à proteção dos ecossistemas naturais.

§ 6º - As usinas que operem com reator nuclear deverão ter sua localização definida em lei federal, sem o que não poderão ser instaladas.

O importante foi que a Constituição de 1988 quebrou a omissão das cartas anteriores que não traziam normas sobre o meio ambiente, cuja degradação aumentou extraordinariamente nos últimos anos, gerando preocupação crescente, como se pode observar em diversos diplomas alienígenas nos quais essa preocupação com o ambiente ganhou espaço.

Destarte, nessa apreciação destaca-se a constitucionalização da proteção ao meio ambiente, não como solução, mas como instrumental sólido para atuação em sua defesa. A Constituição da República Federativa do Brasil deve ser interpretada com o objetivo de alcançar o bem estar social, fim do Estado criado para gerir o interesse público e proporcionar a satisfação das necessidades dos cidadãos.

O capítulo sobre o meio ambiente deve ser interpretado com as lentes voltadas para o interesse público, ou seja, deve ter uma interpretação de cunho social.

A princípio, o intérprete pode ter uma decepção momentânea ao observar o capítulo do meio ambiente e concluir que ele só tem um artigo. Essa perplexidade é passageira, pois exatamente esse único artigo foi capaz de condensar um sistema protetivo do meio ambiente. A análise do capítulo começa do seu *caput*.

Este preâmbulo foi fundamental, pois deste *caput* são extraídas normas de alcance geral, como a parte em que está estabelecido que todos têm direito ao meio ambiente ecologicamente equilibrado; nesses termos entende-se também o ambiente de trabalho; outra regra é que o meio ambiente é bem de uso comum do povo, ou seja, um patrimônio natural de domínio comum.

O primeiro ponto já abordado foi à universalização do direito ao ambiente equilibrado, assim brasileiros ou estrangeiros fazem jus a esse direito fundamental, bastando se encontrar em território nacional.

O segundo ponto foi o ambiente ecologicamente equilibrado, que significa a possibilidade de intervenção, contudo guardando-se o equilíbrio sistêmico do conjunto, ou seja, a regra é respeitar as relações complexas e interdependentes do ambiente, asseguradoras do equilíbrio geral, objeto da garantia constitucional.

Esse capítulo fundamental incluiu ainda o ambiente como um bem de todos, sem distinção, exortando a essencialidade de alguns ecossistemas para a continuidade da vida, compartilhando o dever de proteção e defesa.

Foi preciso entender o texto constitucional no tocante a qualificar o ambiente como um bem de uso comum do povo. No âmbito da identificação do ambiente não existe dificuldades, pois a Constituição de 1988 não criou distinções, dessa forma não cabe ao intérprete criar limitações, por isso estará sobre proteção o ambiente natural, artificial, cultural e do trabalho.

A expressão bem de uso comum do povo precisou ser compreendida de forma ampla e geral, passando pelo entendimento de que se trata de um bem de interesse público. O constituinte não se referiu a um bem dos entes federativos e nem desejou desapropriar todos os bens particulares. O verdadeiro sentido dessa expressão foi que o ambiente equilibrado, ou seja, atmosfera equilibrada, água equilibrada, solo equilibrado, enfim, o equilíbrio sistêmico dos ecossistemas, garantidor da sadia qualidade de vida, pertence a todos. Destarte, com a finalidade de assegurar esse equilíbrio o Estado – Administração Pública poderá restringir o direito de propriedade. Exemplo, obrigar o cidadão a utilizar na sua propriedade particular, o veículo, um catalisador para proteção da atmosfera, esse foi um típico resultado do texto constitucional, pois a atmosfera equilibrada foi um bem de todos assegurado pelo mesmo texto, assim se faz necessário a restrição da propriedade particular em nome do interesse público.

O termo meio ambiente sistematizou o ambiente físico, cultural, natural e do trabalho; todos foram colocados sob o manto protetor da norma constitucional, têm direito ao meio ambiente ecologicamente equilibrado. Indubitavelmente esta expressão "meio ambiente ecologicamente equilibrado" gerou dúvidas e contestações, contudo, é necessário interpretá-lo numa visão sistêmica, entendendo que a vontade da Constituição de 1988 foi assegurar um ambiente adequado e propício à vida, em que as interações nocivas devem ser reprimidas e controladas pelo poder público.

A teia da vida é complexa e exige de todos um compromisso maior e intenso na defesa e proteção do meio ambiente, cada cidadão deve ter um compromisso com o ambiente, o Poder Público deve implementar políticas públicas voltadas à proteção ambiental, a sociedade deve estar consciente da necessidade de cuidar de Gaia[7], como condição para continuidade da vida nesse grande sistema vivo.

Outro ponto importante foi que a Carta Magna de 1988 universalizou este direito, quando diz "todos", não enfatizando distinções, pelo contrário assegurando indistintamente o direito ao meio ambiente ecologicamente equilibrado. Como bem afirmaram Fiorilo e Rodrigues (1997) o art. 225, caput, instituiu o bem difuso, por indivisível e indeterminado, já que todos têm direito ao meio ambiente ecologicamente equilibrado, sendo considerado bem de uso comum do povo, ou seja, todos, indistintamente, podem usar, gozar e usufruir do mesmo.

O caput do art. 225 realmente estabeleceu uma nova abordagem, no que diz respeito ao meio ambiente. Preliminarmente, universalizou o ambiente sadio, como direito de todos, inclusive no ambiente do trabalho. Quando a Carta Magna propugnou ser essencial uma sadia qualidade de vida, está a emitiu um mandamento em que não serão toleradas condutas atentatórias à qualidade de vida. Ora, as interações do meio ambiente terão que ser respeitadas, porque elas propiciam a continuidade da vida. Esta foi a chave; os termos podem ser contraditórios, mas o mandamento constitucional quer que a vida continue, e, por isso, o direito ao meio ambiente sadio foi enquadrado como um direito fundamental.

A Lei Maior estabeleceu um patamar de proteção, a vida, não só a humana, porém, qualquer manifestação de vida foi colocada sobre proteção do manto constitucional, a vida seja qual for a sua manifestação, a Lei das Leis protegeu e assegurou sua continuidade, esse foi o grande avanço da Constituição de 1988.

Claro que definir ambiente ecologicamente equilibrado e sadia qualidade de vida não foi uma tarefa fácil, são expressões que precisam ser entendidas sistemicamente, ou seja, observando-se o interesse público, a vontade do legislador constituinte e a proteção do meio ambiente.

---

7 A hipótese gaia, o Planeta Terra como um sistema vivo foi criada por James Lovelock, biólogo da NASA.

Quando o texto afirmou ambiente ecologicamente equilibrado estava a determinar que é possível a intervenção humana no ambiente, porém deverá ser guardado o seu equilíbrio, deverá ser respeitado o seu ponto de sustentabilidade, significando que o homem poderá interagir com o ambiente, contudo preservar o seu ponto de equilíbrio que garanta a continuidade da vida.

A sadia qualidade de vida, de fato foi um desafio para os estudiosos nesse campo porque se faz necessário entender essa expressão, tão complexa e extensa, significando um estágio elevado do conjunto ambiental, um patamar adequado para o ambiente, onde as condições objetivas de harmonia estejam preservadas. Não se tratou do entendimento da sadia qualidade de vida pelos critérios subjetivos e individuais do intérprete, não significou também que o luxo e conforto foram definidores da sadia qualidade de vida, na verdade. O Legislador Constituinte assegurou um ambiente equilibrado, onde as relações complexas estejam preservadas, a cadeia sistêmica alimentar persista, ou seja, os sinais vitais da continuidade da vida estejam explícitos, independentemente se o local a ser estudado é na área urbana ou rural, seja aonde for, o importante foi que a interdependência, a complexidade das relações ambientais estejam asseguradas, garantindo por último a expressão da vida em sua magnitude.

Um direito universalizado de interagir com o ambiente, mas garantidor do seu equilíbrio e, fazer jus a um ambiente onde suas características vitais estejam preservadas e possam ser auferidas facilmente. Esse direito fundamental é o que está assegurado.

A harmonia nas relações, ou seja, conviver com o ambiente, retirando dele o sustento, porém, respeitando seus limites, evitando sua degradação, enfim, assegurando sua sustentabilidade.

Um resumo claro e objetivo seria a observação por parte do homem moderno do modo de vida de populações tradicionais, pois sem constituição escrita respeitam esse equilíbrio sistêmico tão almejado. Retiram do ambiente o sustento, porém respeitam seu equilíbrio vital, bastava contemplar a forma de vida daqueles que são cognominados de primitivos. Melo e Souza descreve sobre a forma de vida de comunidades pesqueiras no litoral brasileiro

> A atividade pesqueira da comunidade de Piaçabuçu inscreve-se dentro de atividades predominante agrícolas que constituem a base de subsistência e organização social desses pescadores (roça ou roçado), centrada no plantio de mandioca, mas que associa, além da pesca, o artesanato caseiro, a coleta de frutos o mato na restinga etc. (Melo e Souza, 2010, p. 135).

Um direito de todos, brasileiros ou estrangeiros, o fim a proteção ambiental, dessa forma o legislador constituinte incumbiu o Poder Público de assegurar esse direito a todos indistintamente e esse dever deverá ser cumprido por todas as esferas do Poder Público no sistema federativo. Esse novo olhar foi percebido por Bassani como sendo uma

> A reflexão ambiental apoiada e inspirada em documentos como a Agenda 21, parte de uma nova ótica, e um novo olhar, que é capaz de gerar uma nova ética marcada por uma inter-disciplinariedade de todos com todos, de forma que seja possibilitado o envolvimento destes autores num processo de mudança. Urge sonhar com as potencialidades desse novo que emerge e nele investir esforços (Bassani, 2004, p. 70).

A Constituição Federal estabeleceu que o meio ambiente é um bem de uso comum do povo, de forma geral e abrangente, sem distinções e discriminações, compreendendo um universo extremamente amplo. Nesse contexto, o sistema de proteção ambiental atingiu imediatamente a análise constitucional da propriedade, porque não obstante o título de domínio, o cidadão poderá sofrer limitações no seu exercício porque seu bem está dentro do ambiente. Não ocorreu a transferência do domínio, mas sim as limitações ao direito de propriedade, porque como todos têm o uso do meio ambiente, um cidadão não poderá prejudicar a coletividade. De acordo com Antunes

> O proprietário de uma floresta permanece proprietário da mesma, pode estabelecer interdições quanto à penetração e permanência de estranhos no interior de sua propriedade. Entretanto, está obrigado a não degradar as características ecológicas que, estas sim, são de uso comum, tais como, a beleza cênica, a produção do oxigênio, o equilíbrio térmico gerado pela floresta, o refúgio de animais silvestres, etc (Antunes, 1996, p. 41).

O meio ambiente equilibrado se constituiu numa propriedade comum. Este mandamento constitucional foi fundamental para a proteção ambiental, pois possibilitou a utilização de diversos instrumentos legais para a sua defesa.

O macro bem ambiental[8]é de todos e o dever de protegê-lo também é de todos. A norma constitucional trouxe o reconhecimento que o conjunto dessas relações complexas não pertence a um indivíduo e sim ao conjunto da sociedade.

---

8 A conceituação de macro bem ambiental e micro bem ambiental é do Prof. José Rubens Morato Leite no livro Dano Ambiental: do patrimonial ao extrapatrimonial.

O ambiente como um bem de todos, coaduna com o espírito da constituição que reconheceu a função social da propriedade em diversos artigos, isso significou que a propriedade deverá ser usada de forma a contemplar o interesse geral, no sentido de garantir a proteção ambiental, na esteira de assegurar o equilíbrio do conjunto e não do individual.

O ambiente é compartilhamento de todos, direitos e deveres, limitações que são impostas em favor do interesse público de protegê-lo, em detrimento do interesse individual e momentâneo, o fim é assegurar um bem equilibrado para o conjunto e não para o indivíduo.

Por fim, o caput do art. 225 divide a responsabilidade da defesa do meio ambiente entre a coletividade e o Poder Público, esclarecendo que, neste aspecto, a norma constitucional não especificou que esfera de poder público, ficando desta forma para todas as esferas de poder dentro do nosso sistema federativo. Também foi adotado o princípio do desenvolvimento sustentável, quando afirmou o dever de defender e preservar o meio ambiente para as gerações presentes e futuras.

A responsabilidade social foi reconhecida no texto da constituição, o dever da coletividade ficou indiscutível, ou seja, não só o Poder Público foi resposabilizado, a coletividade teve sua parcela de comprometimento com a defesa e proteção do meio ambiente.

A Constituição de 1988 reconheceu o direito ao meio ambiente ecologicamente equilibrado para às presentes gerações, mas também para as futuras gerações, impondo obrigações na sua defesa e preservação. Há o dever de defendê-lo das agressões, propiciando sua utilização sem a total destruição, dentro de um sistema de controle. Preservá-los, para aqueles ecossistemas considerados tecnicamente como não possíveis de manejo, foi uma meta, sendo a única alternativa a mantença de sua intocabilidade. É importante que fique claro que este dever de defender não foi só do poder público, pois também foi delegado à coletividade, que tem papel decisivo no alcance deste objetivo posto pelo legislador constituinte. O alcance da sustentabilidade tem sido o grande debate das últimas décadas, com diversos autores enfrentando os pontos contraditórios, nessa linha afirma Rios

> O desenvolvimento sustentável traduz um conjunto de valores ancorados em condutas relacionadas à produção, para que o resultado seja a compatibilização da apropriação dos recursos naturais com sua manutenção e construção de um bem estar (nos dizeres a Constituição brasileira, "da sadia qualidade de vida") (Rios, 2005, p. 89).

No parágrafo primeiro, em seus sete incisos, estão consignados obrigações do Poder Público. Merece destaque a educação ambiental e o estudo de impacto ambiental. De igual forma, há o dever de fiscalizar a diversidade e a integridade do patrimônio genético, principalmente no que diz respeito às entidades que pesquisam e manipulam este material. Também deve ser notada a importância do controle de substâncias, métodos e técnicas que tragam risco à vida e ao meio ambiente. Estes mandamentos, se efetivamente exercidos pelo Poder Público, propiciariam uma qualidade de vida melhor, no entanto, deve-se reconhecer a fragilidade do poder executivo no cumprimento destes mandamentos constitucionais.

Iniciando uma análise específica sobre esse parágrafo, deve ser enfrentado o inciso primeiro, com aspectos específicos e complexos sobre a proteção ambiental. Esse inciso estabelece que o manejo das espécies e ecossistemas merece um controle público, dessa forma, o Estado – Administração Pública controlará a sua utilização, nesse caso se caracteriza o exercício do poder de polícia. A grande polêmica está em preservar e restaurar os processos ecológicos essenciais, principalmente na definição de quais seriam esses processos. Milaré (2009) tenta elencar quais seriam esses processos. É interessante ressaltar que outros doutrinadores silenciam sobre esse aspecto. Na verdade, como distinguir o que é essencial daquilo que não é essencial, principalmente numa teia complexa de interligações sistêmicas que forma as diversas manifestações da vida.

O entendimento hermenêutico aqui esposado é no sentido de proteção integral, ou seja, adotando aquele brocardo *in dubio pro ambiente*, assim, sendo impossível distinguir o que seria essencial daquilo que não seria, o dever é de proteção integral, partindo da compreensão da integralidade do ambiente e de sua complexidade.

No inciso segundo vem a preocupação com o patrimônio genético, com a finalidade de assegurar sua integridade. Com certeza um dos maiores desafios do mundo contemporâneo é a manipulação genética, que pode servir ao desenvolvimento científico, como também ao uso inadequado. Outro dever do poder público foi o exercício do poder de polícia, no sentido de acompanhar as entidades que exercitam a manipulação genética, com o fito de certificar quem usa, porque usa e para que usa. Na verdade é o controle público sobre atividades de risco para o conjunto da sociedade. Recentemente foi editada uma norma modificando o controle público e estabelecendo novos mecanismos.

O inciso terceiro do referido parágrafo primeiro do art. 225 da CF de 1988 estabeleceu o dever do Poder Público Federal estabelecer nas unidades da federação, espaços territoriais especialmente protegidos com a finalidade de assegurar amostras significativas do meio natural. Esses espaços serão constituídos por lei ou atos administrativos, contudo a redução só poderá ser efetividade mediante lei específica.

Em seguida vem a exigência do estudo prévio de impacto ambiental para obras ou atividades potencialmente causadoras de significativa degradação ambiental. Nesse inciso está a consagração do princípio da precaução, que visa assegurar a integridade ambiental, a partir da avaliação das condições de implantação de determinada obra ou atividade, visando assegurar sua harmonia com o ambiente.

De fato o estudo prévio de impacto ambiental é um mecanismo de controle e proteção, porém sofreu duas mitigações graves: a primeira quando ocorreu o autolicenciamento, ou seja confunde-se a figura de empreendedor e licenciador, pois nesse caso existe uma fragilização do controle; o segundo a dependência econômica da equipe que realizou o estudo com o empreendedor. Esse fato leva a um contrato de resultados, ou seja, se contrata a equipe de estudo com o fito de alcançar um resultado positivo, a liberação da obra, quando na verdade o estudo prévio de impacto ambiental é para estudar de forma independente todos os impactos, positivos e negativos e inclusive estudar a possibilidade de não realização da obra, essa possibilidade extremamente comprometida pela dependência econômica da equipe, não deixando de registrar o compromisso técnico de muitos profissionais que mesmo sem as garantias devidas exercem com independência esse *munus* público.

O que foi proposto foram garantias para o exercício profissional, pois se a equipe fosse contratada pelo Órgão Gestor, ficando o empreendedor na obrigação de depositar o valor necessário às despesas com o estudo, seria assegurada total independência para uma opinião técnica independente, esse foi o patamar de discussão.

No inciso seguinte vem a consagração do exercício do poder de polícia, pois o Poder Público foi instado a fiscalizar a comercialização, produção, transporte, emprego, de métodos, substâncias e técnicas que possam implicar em risco a vida, a qualidade de vida e ao meio ambiente. Nesse caso, o bem protegido foi a vida, obrigando-se o Estado -Administração Pública a exercer o poder de fiscalização em favor da integridade da vida.

A educação ambiental foi outro dever constitucional da Administração Pública, salientando o fator da transdisciplinariedade, bem como o fato que ela deve ser formal e informal, ou seja, aplicada na educação formal, nos diversos níveis de ensino, como também para a comunidade em geral. Cabe registrar que a educação ambiental se constituiu num dos maiores instrumentos de alcance da harmonia homem *versus* natureza. Dias afirma que

> A Educação Ambiental (EA) por ser renovadora, induz novas formas de conduta nos indivíduos e na sociedade, por lidar com as realidades locais, por adotar uma abordagem que considera todos os aspectos que compõem a questão ambiental – aspectos sociais, políticos, econômicos, científicos e tecnológicos -, por ser catalisadora de uma educação para o exercício pleno e responsável de cidadania, pode e deve ser o agente otimizador de novos processos educativos que conduzam as pessoas por caminhos onde se vislumbre a possibilidade de mudanças e melhoria do seu ambiente total e da qualidade da sua experiência humana (Dias, 2002, p. 221).

Por fim, a proteção da fauna e flora, vedando quaisquer práticas que coloquem as espécies em risco, gerem maus tratos ou impeçam sua reprodução. A proteção a fauna e a flora foi o fundamento da garantia de toda biodiversidade, respeitando-se o processo natural e impedindo a intervenção abusiva e incompatível com a sustentabilidade.

O parágrafo segundo estabelece o dever de recuperar o meio ambiente para aqueles que exploram recursos minerais. Aqui o legislador constituinte não se importou com o fato da atividade estar licenciada:, reconheceu de imediato o risco da atividade e as conseqüências para o meio ambiente e dessa forma determinou a sua reparação. Observe-se que não existiu a preocupação com a licitude da ação, pelo contrário, a constatação é que a atividade é danosa mesmo mitigada, gerando o dever de restaurar. Nesse inciso está um dos fundamentos da responsabilidade objetiva de risco integral. Esta norma foi importante, porque existem, no país, imensas áreas degradadas pela exploração de recursos minerais.

No parágrafo terceiro, estão reconhecidas as sanções civis, penais e administrativas para as condutas e atividades lesivas ao meio ambiente, por parte de pessoas físicas ou jurídicas. A grande novidade foi a admissão da responsabilidade penal das pessoas jurídicas, que tanta polêmica tem gerado, depois da regulamentação efetivada através da Lei 9.605/98.

O meio ambiente se constituiu num direito humano fundamental, constando da Declaração Universal dos Direitos do Homem e, assim, não obstante a irresignação dos penalistas pátrios, existe um bem maior a ser protegido, que é o meio ambiente sadio, que garante a continuidade da vida. Destarte, os que o agridem atentam contra a vida e, por isso, devem ser punidos também penalmente, mesmo que pessoas jurídicas. Felizmente o Brasil avançou e adotou uma legislação penal ambiental que vem sendo adotada em países mais desenvolvidos. O Superior Tribunal de Justiça, em decisão recente reconheceu a constitucionalidade da responsabilidade penal da pessoa jurídica.

O parágrafo quarto reconheceu alguns ecossistemas como patrimônio nacional, determinando a sua utilização na forma da Lei, com a finalidade de protegê-los. Esse elenco difere da classificação tradicional de bens públicos adotada no Direito Administrativo Pátrio. O Constituinte elegeu alguns ecossistemas como essenciais e de interesse de toda a nação brasileira. Foi uma qualificação para assegurar uma proteção integral aos ecossistemas elencados no texto como exuberantes para o patrimônio natural nacional. Infelizmente o legislador constituinte olvidou da caatinga e do cerrado que restaram desprotegidos. Saliente-se que esse parágrafo elegeu alguns ecossistemas como patrimônio da nação brasileira, numa categorização bem diversa da utilizada pelos administrativistas.

O quinto parágrafo assegurou a indisponibilidade das terras devolutas ou arrecadadas pelo Estado, essenciais à proteção dos ecossistemas naturais. E por fim, o sexto parágrafo garantiu que a localização de usina nuclear será definida por lei federal. Esta norma foi importante, pois sendo responsabilidade do Congresso Nacional, estará afastado o risco de instalação de usinas nucleares em santuários ecológicos, em regiões de falha geológica, ou em locais que apresentem dificuldade de remoção de pessoas em caso de emergência. Destaque-se o fato da Agência Nacional de Energia Elétrica (ANEEL) está planejando para depois de 2020 a instalação de usinas nucleares no Brasil.

Na verdade, os ambientalistas teriam inúmeras normas para acrescentarem ao texto constitucional. No entanto, foi preciso reconhecer o avanço da legislação com a existência de um capítulo sobre o meio ambiente e sua referência em outros artigos. Por conseguinte o Ministério Público, os órgãos ambientais integrantes do SISNAMA e a coletividade devem promover o cumprimento dos mandamentos constitucionais que asseguram proteção ao meio ambiente. Esse desafio pertence a todas as gerações pós 1988, que passaram a dispor de um mecanismo forte de proteção ambiental. Contudo, de fato é um grande desafio, pois ocorreu uma total modificação no ordenamento jurídico, porém foi possível afirmar mais de duas décadas depois que o sistema evoluiu, não tanto quanto se esperava, mas já existe um melhor sistema de controle.

CAPÍTULO 2

TERRITÓRIO REFERÊNCIA PARA GESTÃO PARITICIPATIVA E DESCENTRALIZADA

1. CARACTERIZAÇÃO DA ÁREA

O Baixo São Francisco, última etapa da bacia hidrográfica do rio São Francisco, estende-se da cidade de Paulo Afonso até a foz do rio no Oceano Atlântico, compreendendo as sub-bacias dos rios Ipanema e Capivara. Situa-se em áreas dos Estados da Bahia, Pernambuco, Sergipe e Alagoas. A altitude varia de 200 m até o nível do mar, embora na periferia, algumas serras atinjam 500 m.

Destacam-se a planície costeira com altitude inferior a 100 m e tabuleiros do grupo barrreiras com altitude entre 200 e 100 m. A temperatura média anual é de 25°; a evaporação é de 2.300 mm anuais e a precipitação média anual varia de 1.300 mm a 800 mm. As chuvas ocorrem de março a setembro, ou seja, no inverno, enquanto, no restante do Vale, as chuvas se verificam no verão. Nessa região ocorre, também, uma nítida mudança na distribuição anual das chuvas, que nas proximidades do Oceano se distribuem por todo o ano, embora mais concentradas no outono e inverno, enquanto no seu interior, os meses chuvosos são os de verão.[1]

A vegetação é de dois tipos: caatinga no trecho mais alto, e mata, na região costeira. O clima é considerado tropical semi-úmido. As principais são: Jeremoabo, na Bahia; Pesqueira e Bom Conselho em Pernambuco; Propriá e Nossa Senhora da Glória, em Sergipe; e Arapiraca e Penedo, em Alagoas[2].

---

[1] Dados extraídos do Atlas do São Francisco, produzido pela CODEVASF no ano de 2001.

[2] Dados extraídos do Atlas do São Francisco, produzido pela CODEVASF no ano de 2001

O plano decenal da Bacia Hidrográfica do rio São Francisco, elaborado pelo Comitê de bacia Hidrográfica do rio São Francisco, que constitui órgão público integrante do Sistema Nacional de Recursos Hídricos, realizou uma caracterização detalhada da bacia hidrográfica do rio São Francisco, que encontra-se como anexo desse projeto.

A bacia hidrográfica do rio São Francisco contém uma ampla diversidade, desde a sua nascente na Serra da Canastra, até a foz entre os estados de Sergipe e Alagoas (Figura 1). Dentro da caracterização efetivada no Plano Decenal da Bacia Hidrográfica do Rio São Francisco, existe de fato uma diversidade imensa entre o alto, médio, submédio e baixo São Francisco, tanto de ordem climática, geográfica, econômica e econômica, tendo cada região sua característica específica dentro da mesma bacia hidrográfica.

Essa é uma característica permanente da bacia hidrográfica do rio São Francisco, sua diversidade em todos os aspectos, do geográfico, ao climático e ao econômico, Becker informou que

> Ao analisarmos os documentos do Comitê no que se refere a distribuição das demandas por regiões é possível verificar que a utilização da água para irrigação está concentrada, prioritariamente, no Médio e Submédio São Francisco, correspondendo a 79% do total utilizado para essa atividade. Enquanto que a demanda industrial é mais significativa no Alto São Francisco onde corresponde a 62% do total. As principais atividades industriais são: siderurgia, mineração, química, têxtil, agroindústria, papel e de equipamentos industriais. No Baixo São Francisco, soma de todas as demandas (humana, irrigação, animal e industrial) chega a 7% da demanda total pelo uso da água na bacia. Esta por sua vez, representa cerca de 8% da vazão média, estando as maiores solicitações no Médio e Submédio, em decorrência do uso para irrigação (Becker, 2011, p. 42).

Figura 1. Localização da bacia hidrográfica do rio São Francisco, no Brasil.

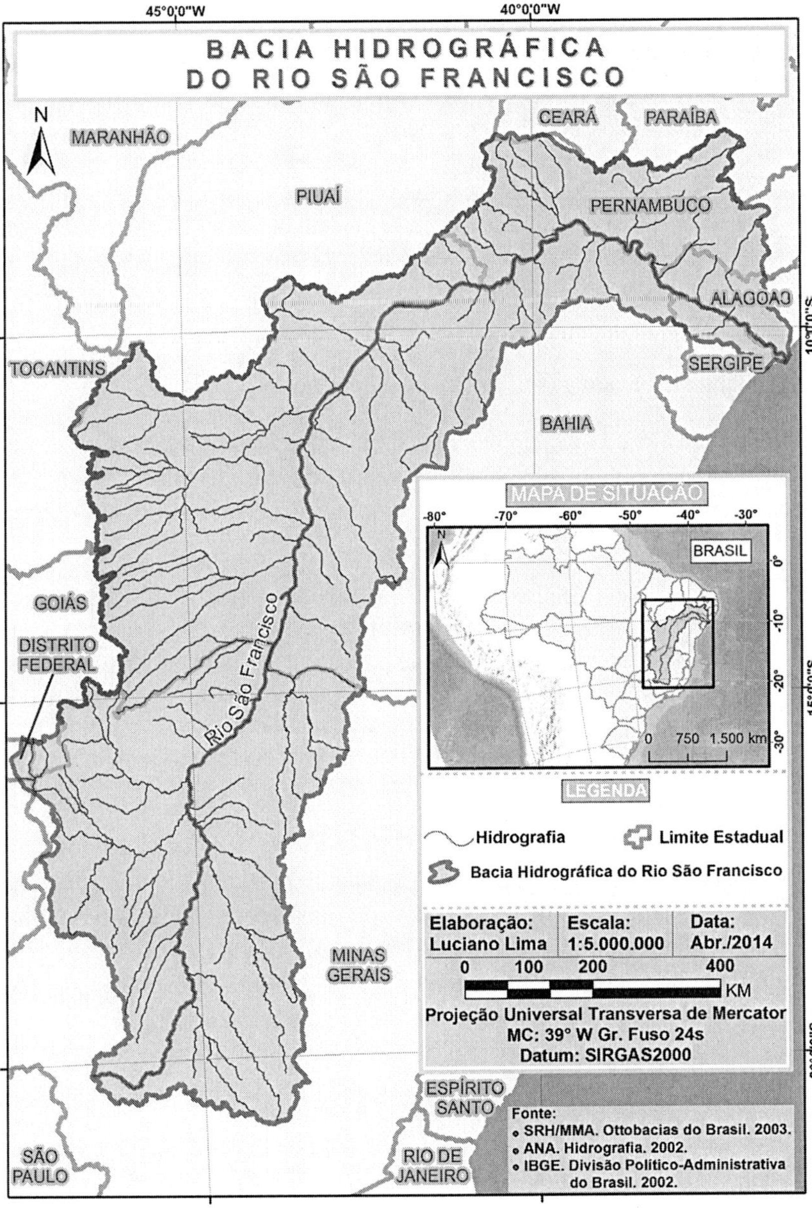

LIMA,L. ELABORADO PARA ESTA PESQUISA 2013

Fonte: ALMEIDA, C. A. P. (2013).

Os usos diversos, a economia diversa, a geografia diversa, assim está constituída a bacia hidrográfica do São Francisco, um conjunto homogêneo, porém com peculiaridades específicas, bem caracterizada por Rieper ao afirmar que

> O Rio São Francisco, em seus 3161 quilômetros de extensão desde sua nascente no chapadão da Zagaia, alto da Serra da Canastra, até sua desembocadura no Oceano Atlântico, assume características diversas em função da morfologia do relevo que percorre, tipos de solo, aspectos físico-químico de suas águas, enfim do ambiente natural. Foi, por isso, dividido seu curso em regiões mais ou menos homogêneas, quanto a fisiografia. Isto não significa dizer, entretanto, que quando observamos um de suas "partes", não estamos olhando esse grande rio brasileiro na sua totalidade, não estamos necessariamente, lidando com o conjunto das relações naturais, sociais, políticas e culturais que acontecem ao longo de todo seu percurso. Á gua indica movimento, ligação, união, integração e tem o poder de absorver e carregar histórias e memórias (Rieper, 2001, P. 26).

De fato essa é a bacia do rio São Francisco, marcada pela diversidade geral, mas ao mesmo tempo constituindo um conjunto harmônico e diverso, marcando cada trecho com suas características próprias, sobre o Baixo São Francisco afirma Rieper que

> O baixo São Francisco tinha origem na cachoeira de Paulo Afonso, indo até a Foz do rio. Com o enchimento do lago da hidroelétrica de Xingó, em 1994, os habitantes da região passaram a considerar baixo São Francisco o trecho a jusante desta barragem, na divisa entre os estados de Sergipe e Alagoas. A barragem tornou o rio instransponível como via de navegação, fazendo com que a área alagada fosse varrida do mapa imaginário das populações ribeirinhas. (Rieper, 2001, p. 27).

Na verdade, a localização da zona cognominada de baixo São Francisco tem início no Município de Paulo Afonso até a foz entre os Estados de Sergipe e Alagoas. Contudo, como bem colocado por Rieper (2001), no imaginário da comunidade Ribeirinha a zona a montante desapareceu, ficando para a comunidade barranqueira a partir do reservatório até a foz entre os Estado de Sergipe e Alagoas. Dessa forma, ao estabelecer a metodologia para o presente estudo a delimitação espacial foi o baixo São Francisco Sergipano, a partir da Usina hidroelétrica de Xingó até a foz do Rio São Francisco, entre os Municípios de Brejo Grande/SE e Piaçabuçu/AL.

Outra caracterização interessante é a de Oliveira quando esclarece é a seguinte observação

> Está dividida em quatro grandes áreas: Alto, Médio, Submédio e Baixo São Francisco. O Alto possui uma área 99.387 Km^2 (15,6% da bacia) e

> tem uma extensão de 1003 Km que vai da nascente, na Serra da Canastra, até Pirapora, em Minas Gerais, de onde procede uma boa parte de sua vazão, com cobertura vegetal predominante de cerrados e fragmentos de floresta. O Médio situa-se entre Pirapora e a barragem de Sobradinho, com superfície 401.599 Km² e 1.152 Km de extensão possuindo vegetação predominante de cerrado, caatinga e pequenas matas de serra. O Submédio tem uma área de 115.987 Km² e 568 Km de extensão vai da barragem de Sobradinho até a cachoeira de Paulo Afonso. O Baixo São Francisco estende-se de Paulo Afonso até sua Foz, no oceano Atlântico, compreendendo as bacias dos rios Ipanema, Jacaré, Capivara, Gararu, Canhoba, Pilões e Betume, promovendo a divisa entre os Estados da Bahia e Pernambuco e também de Alagoas e Sergipe. A Região do Baixo São Francisco Sergipano representa apenas 1,2% do total da bacia do São Francisco e abrange os municípios de Amparo do São Francisco, Brejo Grande, Cedro de São João, Ilha das Flores, Neópolis, Propriá, Santana do São Francisco, Telha e Japoatã. Limita-se ao norte com o Estado de Alagoas, ao sul com a bacia complementar, a leste com o oceano Atlântico e a oeste com o rio Xingó (Santos, 2002) apud (Oliveira, 2006,74).

Não bastasse todas essas caracterizações é interessante também acostar a classificação oficial ofertada pelo Comitê de Bacia do São Francisco – CBHSF, no seu site oficial, quando afirma que

> A grande dimensão territorial da bacia do rio São Francisco, estimada em 639.217 km2, motivou a sua divisão por regiões, para fins de planejamento e para facilitar a localização das suas muitas e diversas populações e ambiências naturais. A divisão se fez de acordo com o sentido do curso do rio e com a variação de altitudes.
>
> Assim, a sua parte inicial, tomando como referência a área montanhosa onde o rio nasce, na Serra da Canastra, a 1.280 km de altitude, ganhou a denominação de **Alto São Francisco**. Estendendo-se até a cidade de Pirapora, no centro-norte de Minas Gerais, a região perfaz uma área de 111.804 km2.
>
> Escoando no sentido sul-norte, no trecho seguinte o rio atravessa todo o oeste da Bahia, até o ponto onde se formou o lago represado de Sobradinho, no município de Remanso. Nessa região, a bacia é denominada **Médio São Francisco**. É a maior das quatro divisões, alcançando 339.763 km2.
>
> Depois de Remanso, o rio inflexiona o seu curso para o leste, constituindo-se na divisa natural entre os estados da Bahia e de Pernambuco, até alcançar o limite com Alagoas. É o **Submédio São Francisco**, a segunda maior região, com 155.637 km2.

Daí o rio segue na direção leste, formando a segunda divisa natural, dessa vez entre os estados de Alagoas e Sergipe. É o **Baixo São Francisco**, uma área de 32.013 km2, onde o rio São Francisco deságua no Oceano Atlântico (Brasil, 2012).

Figura 2. Regiões fisiográficas do rio São Francisco.

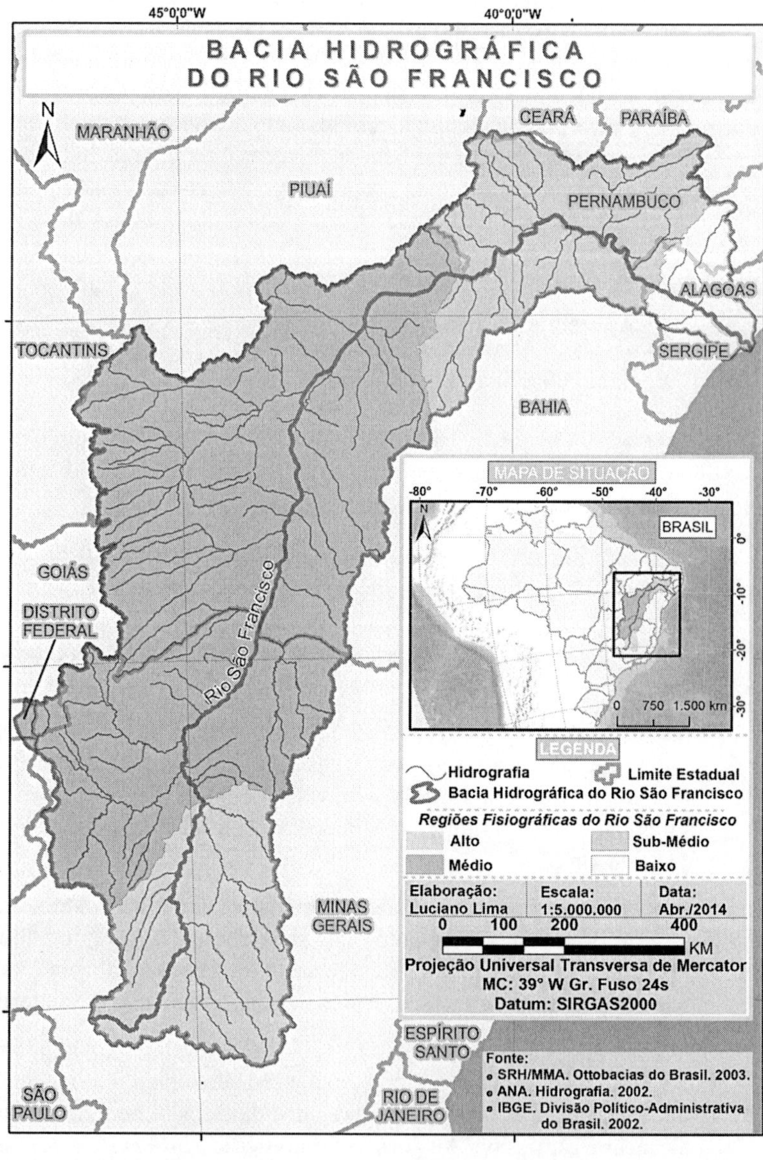

LIMA,L. ELABORADO PARA ESTA PESQUISA 2013

Fonte: ALMEIDA, C. A. P. (2013).

Dessa forma caracterizada e definida a área de estudo, ou seja delimitado o recorte metodológico, sendo o baixo São Francisco entre a Hidroelétrica de Xingó até a foz do rio São Francisco entre os Estados de Alagoas e Sergipe.

O estudo visou correlacionar a gestão hídrica com o uso da água, demonstrando as consequências para o baixo São Francisco quando se estabeleceu padrões que não atenderam a diversidade da bacia hidrográfica. Por exemplo, uma gestão hídrica que concentrou investimentos no médio, submédio e alto São Francisco, comprometeu o desenvolvimento e o ambiente no baixo São Francisco, como bem colocado por Fontes ao perceber que

> Um ponto importante a ser ressaltado é a extrema dependência do baixo curso do rio São Francisco e de suas áreas inundáveis em relação ao suprimento de água proveniente as porções da bacia situadas rio acima. Mas de 95% do total de suas águas provem das sub-bacias o alto São Francisco (que sozinha contribui com cerca e 80%) complementada pela contribuição das sub-bacias do nédio e submédio. A participação das sub -bacias afluentes do baixo São Francisco, na sua maioria formadas por rios intermitentes, normalmente não alcança 5%, valor esta ainda que era ainda proporcionalmente muito menor antes de 1993, quando nos períodos de enchentes do rio São Francisco, as vazões chegavam a atingir entre 4.000 a 12.000 m^3/s (Fontes, 2011, p. 35).

Dentro desse espaço delimitado, que abrange os Estado de Sergipe e Alagoas, foram incluídos para análise os Municípios que estão às margens do rio São Francisco nos dois Estados da Federação, que representam todas as sub-regiões, desde a Usina Hidroelétrica de Xingó até a foz do rio São Francisco. Esse cenário foi bem delineado por Fontes (2011), quando demonstrou como o baixo São Francisco vive uma relação de dependência com as demais regiões a montante, que responde com 95% do volume de água.

O padrão de uso da água nas demais regiões impõe um regime para o baixo, se houver equilíbrio no uso, não haverá problemas, porém se o uso for desmedido atingirá sobremaneira a região do baixo São Francisco.

A região está no final de uma bacia hidrográfica imensa, com diversidades culturais, regionais, econômicas, geográficas, climáticas, acumulando todo o passivo pela utilização a montante.

A área objeto do estudo foi o baixo São Francisco, com recorte entre a Usina Hidroelétrica de Xingó e a Foz do rio Sâo Francisco, tendo inicio entre os Municípios de Piranhas/AL e Canindé do São Francisco/SE e terminando entre Piaçabuçu/AL e Brejo Grande/SE.

No Estado de Sergipe, foram os seguintes Municípios: Canindé do São Francisco, Porto da Folha, Poço Redondo, Gararu, Nossa Senhora de Lourdes e Canhoba, Amparo do São Francisco, Telha, Propriá, Santana do São Francisco, Neópolis, Ilha das Flores e Brejo Grande (Figura 3).

No Estado de Alagoas, foram os seguintes Municípios: Piranhas, Lagoa Grande, Entremontes, Socorro, Arapuá, Belo Monte, Pão de Açucar, Barra do Ipanema, Itamoatá, Mundo Novo, Jacobina, Saco do Medeiras, Traipu, São Brás, Porto Real do Colégio, Penedo, Nossa Senhora de Lourdes, Mofina e Piaçabuçu (Figura 3).

Figura 3. Municípios sergipanos e alagoanos inseridos parcial ou totalmente na região do baixo São Francisco.

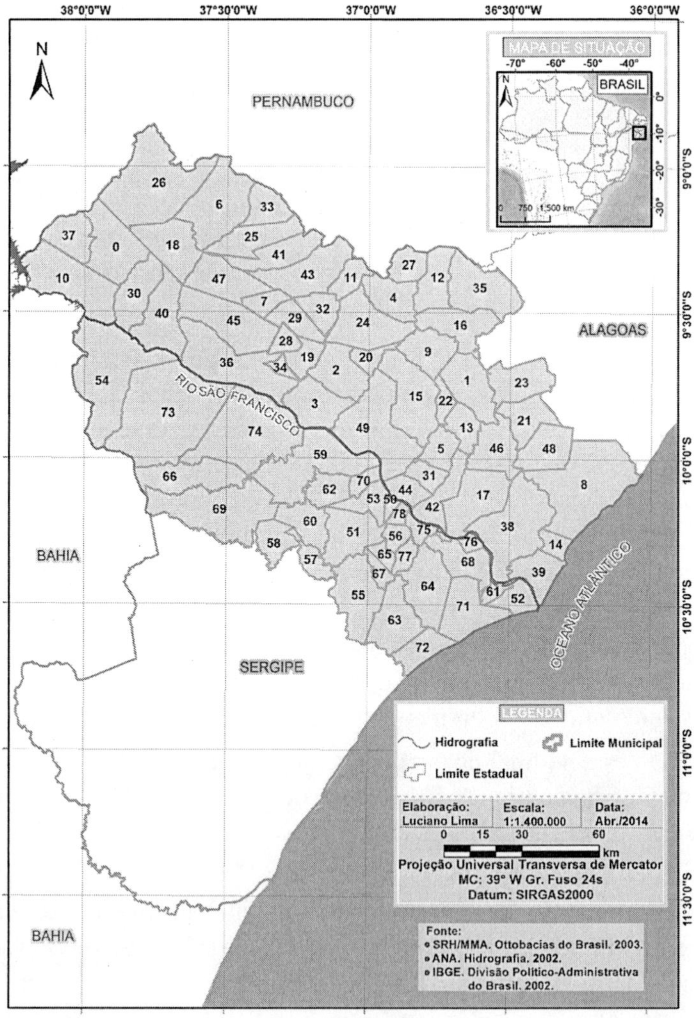

LIMA,L. ELABORADO PARA ESTA PESQUISA 2013

2. MÉTODOS

O espaço de tempo adotado para o estudo correspondeu ao ano de 2010, em razão de que naquele ano teve início a cobrança pelo uso da água, iniciando o Comitê de Bacia hidrográfica do rio São Francisco (CBHSF) a arrecadação dos valores resultantes do uso da água. Antes do ano de 2010 não havia cobrança, dessa forma não havia recursos assegurados para a bacia hidrográfica do São Francisco, só os decorrentes do orçamento da União, normalmente contingenciados.

Com a edição da Lei 9.433, de janeiro de 1997, a cobrança foi estabelecida como parte integrante da política de gestão hídrica, com o fito de assegurar a redução no consumo, racionalizar o uso e proporcionar recursos para a gestão da bacia hidrográfica.

A cobrança só foi implementada realmente treze anos depois da edição da lei, precisamente no ano de 2010. O que diferencia os recursos orçamentários comuns dos cobrados na própria bacia hidrográfica, o fato de que os valores arrecadados na bacia hidrográfica foram resultados da cobrança pelo uso da água da referida bacia hidrográfica, como receptora ou doadora, e foram elencadas pela legislação na categoria de verbas vinculadas, ou seja, na técnica do Direito Financeiro ficou reconhecida verba vinculada que só pode ser aplicada para o fim de gestão hídrica, preferencialmente na bacia hidrográfica arrecadada.

Assim, a partir de 2010, o Comitê de Bacia Hidrográfica, arrecadou um valor fruto da cobrança pelo uso da água na bacia hidrográfica do rio São Francisco, valor esse que só pode ser utilizado para a gestão hídrica.

Destarte, toda a política hídrica na Bacia do rio São Francisco sofreu uma intensa alteração a partir do ano de 2010, pois naquele ano começou a arrecadação que possibilitou um novo patamar de gestão hídrica no Brasil, fruto de uma nova ordem constitucional.

O primeiro passo da pesquisa foi levantar os valores arrecadados na bacia hidrográfica do rio São Francisco nos anos de 2010, 2011, 2012 e 2013, dados esses fornecidos pela Agência da Bacia Hidrográfica do rio São Francisco, Agência Peixe Vivo.

O segundo passo foi levantar os indicadores, foi feita opção por indicadores já coletados, no caso os do IBGE, ano 2010, elegendo-se os institucionais, ambientais, econômicos e sociais.

Com os indicadores prontos, foi aplicado o modelo de Daniel (et all, 2001) para a construção de um índice de sustentabilidade da bacia hidrográfica, aplicando-se um gráfico de radar, no qual foram identificados os pontos de destaque e as fragilidades da bacia hidrográfica.

O índice de sustentabilidade foi o norteador a proposta do Pacto das Águas, que representa o compromisso legal e institucional com a bacia hidrográfica, pois a partir das fragilidades identificadas com o monitoramento periódico, é firmado no seio do Comitê de Bacia Hidrográfica os pontos de obrigação do gestor público na gestão dos recursos arrecadados na bacia hidrográfica.

Assim a pesquisa teria que ser iniciada pela parte documental, utilizando o método hermenêutico crítico e tendo como instrumento a análise do conteúdo, associada a análise dos documentos coletados na pesquisa nos órgãos Públicos, Instituto Brasileiro de Geografia e Estatística (IBGE), Agência Nacional de Águas (ANA), Companhia de Desenvolvimento do Vale do São Francisco (COSDEVASF), Agência Nacional de Energia Elétrica (ANEEL),- Comitê de Bacia Hidrográfica do Rio São Francisco (CBHSF), Ministério da Integração (MMI), Ministério do Meio Ambiente (MMA), Secretaria de Meio Ambiente e Recursos Hídricos de Sergipe (SEMARH), Administração Estadual do Meio Ambiente de Sergipe (ADEMA), Companhia de Desenvolvimento Hídrico do Estado de Sergipe (COHIDRO), Companhia de Saneamento de Sergipe (DESO) e outros.

Foram coletados os documentos legais delineadores da competência na gestão dos recursos hídricos, a partir da Constituição de 1988 e da Lei Federal 9433/97, bem como a Constituição do Estado de Sergipe e Alagoas, a lei Estadual 3870/97 de Sergipe e a Lei 5965/97 do Estado de Alagoas, as resoluções da Agência Nacional de Água - ANA e dos Conselhos Nacional, Estadual (Sergipe e Alagoas) de Recursos Hídricos e outras normas correlatas aplicáveis á gestão de recursos hídricos sejam leis ordinárias, complementares ou delegadas.

O marco legal forneceu os dados necessários para se identificar o indicador institucional, a partir do novo modelo de gestão, focado na descentralização e participação, forjando um padrão de engajamento da sociedade civil no poder decisório.

O primeiro ponto enfrentado foi o espacial, tendo sido adotado nesse trabalho como área de estudo, estabelecendo o recorte metodológico, o baixo São Francisco a partir da Usina Hidroelétrica de Xingó até o a foz do rio São Francisco.

Para a coleta dos indicadores foram escolhidos cinco Municípios de cada Estado, para conferir uma representatividade espacial da área objeto do estudo, sendo de Alagoas: Belo Monte, Penedo, Piaçabuçu, Piranhas e Porto Real do Colégio; de Sergipe: Canindé do São Francisco, Ilha das Flores, Neópolis, Poço Redondo e Propriá. Essa escolha guardou uma proporcionalidade da região estudada, buscando assegurar tanto num Estado como no outro uma representatividade espacial.

O institucional, a partir do novo marco regulatório e das novas normas foi possível a identificação, a partir de dois pontos fundamentais: 1. Gestão descentralizada; 2. Gestão participativa. A partir das novas normas, fundadas no domínio público das águas, foram estabelecidos e demonstrados o novo modelo de gestão das bacias hidrográficas no Brasil, centrados na descentralização e participação, que implicou num foco gerencial atrelado a bacia hidrográfica.

Assim, no concernente a parte institucional, ficou o valor arrecadado, consistindo no levantamento dos valores arrecadados no ano de 2010 na bacia hidrográfica do rio São Francisco, em razão do uso da água e dos valores efetivamente aplicados na região do baixo São Francisco.

Os indicadores sociais do baixo São Francisco elencados para esse estudo foram: a educação, com indicadores sobre a escolaridade da região e a saúde, com a mortalidade infantil na região do Baixo São Francisco. Os indicadores necessários ao trabalho foram coletados do banco de dados do Instituto Brasileiro de Geografia e Estatística (IBGE), no tocante ao censo 2010, ano que teve início a cobrança.

O indicador ambiental relativo ao baixo São Francisco, que foi o recorte metodológico para definir a área de estudo, foi à vazão do rio São Francisco, dados já fornecidos pela Companhia Hidroelétrica do São Francisco (CHESF).

O indicador econômico foi a renda per capta, buscando aferir o crescimento econômico da região, também nesse caso os indicadores foram coletados do banco de dados do Instituto Brasileiro de Geografia e Estatística (IBGE).

O conjunto de indicadores, que serviram de análise para as tendências do baixo São Francisco, coletados a partir do ano de 2010, ano escolhido em razão de ter sido a data de início da cobrança, foi objeto de aplicação da fórmula de Daniel (et all, 2001) e dessa forma foi calculado o índice de sustentabilidade..

O índice de sustentabilidade proposto para o presente estudo fundamentou-se em DANIEL et al. (2001):

$$IS = \sum_{n=1}^{N} Sn$$

A metodologia proposta pro DANIEL et al, 2001, consistiu numa adaptação do modelo de CALORIO (1997), tornando o sistema radar mais simples e possível de ser aplicado por não especialista, bem como tornou seu entendimento bem mais simples.

O primeiro passo foi a escolha dos indicadores de forma ordenada, depois desse degrau foi feita a padronização dos indicadores, ou seja, todos foram padronizados num sistema só, eliminando unidade de medida e efeitos de escala, passaram todos a ter o mesmo peso, tendo sido retiradas as diferenças existentes entre cada um, ou seja a admensionalização dos indicadores.

O segundo passo foi à identificação do ângulo formado entre dois indicadores adjacentes, esse valor alcançado foi o ângulo entre os dois indicadores, a partir da divisão de 360 pelo número de indicadores e multiplicado pela divisão de PI por 180, dessa forma chegou-se ao cálculo do ângulo.

O terceiro passo foi o cálculo da área de cada triângulo, que foi feita com o valor padronizado de dois indicadores adjacentes mais o ângulo calculado na fórmula indicada no parágrafo anterior.

Terminado todos esses passos aplicou-se a fórmula delineada na página anterior chegando-se ao cálculo do índice de sustentabilidade. Daniel et al, 2001, alertou que pode ser aplicada qualquer constante, contudo deve ser sempre a mesma constante se o gráfico for utilizado para um programa de monitoramento.

Outro alerta foi dado se o monitoramento for muito sucessivo, que se utilize outros indicadores mais profundos, contudo a presente fórmula aplicou-se com adequação para o presente estudo.

Após sistematização de todos os indicadores, levantamento dos seus resultados e confrontos, foi possível finalmente chegar ao resultado final, qual seja, o índice de sustentabilidade, o qual permitiu uma análise crítica sobre a da região do baixo São Francisco e pode servir de fundamento para que o Comitê de Bacia Hidrográfica do rio São Francisco possa elaborar o Pacto das Águas.

A base Constitucional dos princípios, sua aplicabilidade e sua força normativa, diferente das outras constituições brasileiras, já que na atual constituição os princípios são de cumprimento obrigatório. E como os princípios foram a força determinante para a construção do Pacto das Águas, o Comitê de Bacia Hidrográfica passou a ter sob sua responsabilidade um documento que possibilitará um uso igualitário, fraterno e proporcional, dentro de um compromisso formal para uso de um bem ambiental de uso coletivo e essencial a vida.

Contudo o índice de sustentabilidade construído nesse trabalho é um ponto muito importante para a construção do Pacto das Águas e ele segue a metodologia adaptada de Daniel (et all, 2001), com a seguinte fórmula de cálculo.

O primeiro indicador de sustentabilidade foi o ambiental, sendo escolhida a vazão média, a partir da Usina Hidroelétrica de Xingó, recorte metodológico para o presente estudo, em razão de que o equilíbrio ambiental do baixo São Francisco está ligado a vazão do rio, principalmente depois dos barramentos, pois é a vazão que está ligada a regularidade do rio, das margens, da navegação, da foz e de outros fatores sistêmicos, está assim delimitado[3]:

Tabela 1 – Vazão média do rio São Francisco

DIMENSÃO AMBIENTAL	VAZÃO
Q máxima – 2010	2.082 m^3/s
Q mínima – 2010	1.478 m^3/s
Q média São Francisco – 2010	1.798 m^3/s

A dimensão social foi medida a partir de dois indicadores que foram fundamentais no seio da bacia hidrográfica, a taxa de mortalidade infantil e a questão da alfabetização. É importante destacar que essa região ao longo das décadas acumulou indicadores sociais muito críticos, conforme delineado em um capítulo anterior, por isso foi importante na dimensão social mensurar esses indicadores que sempre foram críticos na região, pela concentração de analfabetos e também pelo elevado índice de mortalidade na infância.

A dimensão social foi feita a partir da área objeto de estudo, dessa forma foram escolhidos espacialmente cinco Municípios de Alagoas e cinco Municípios de Sergipe, no espaço entre Xingó e a Foz do rio São Francisco, procurando ter um representatividade espacial nos dados do conjunto estudado, de uma lado e do outro, assim a dimensão social passa a ser da área objeto do estudo.

Assim a Dimensão Social está dessa forma:

[3] Dados de vazão fornecidos pela Chesf conforme documento em anexo.

Tabela 2 – taxa de mortalidade infantil Alagoas e Sergipe

TAXA DE MORTALIDADE INFANTIL ALAGOAS	TAXA DE MORTALIDADE INFANTIL SERGIPE
Belo Monte 1,63%	Canindé do São Francisco 1,00%
Penedo 1,08%	Ilha das Flores 3,088%
Piaçabuçu 1,43%	Neópolis 0,33%
Piranhas 1,63%	Poço Redondo 1,78%
Porto Real do Colégio 0,86%	Propriá 1,34%

Agora a alfabetização na região:

Tabela 3 – taxa de alfabetização Alagoas e Sergipe

TAXA DE ALFABETIZAÇÃO DE ALAGOAS	TAXA DE ALFABETIZAÇÃO DE SERGIPE
Belo Monte 64,0%	Canindé do São Francisco 69,27%
Penedo 76,7%	Ilha das Flores 73,40%
Piaçabuçu 67,9%	Neópolis 76,54%
Piranhas 68,7%	Poço Redondo 64,78%
Porto Real do Colégio 65,4%	Propriá 80,97%

A dimensão social foi trabalhada com dois indicadores vitais para a região, a mortalidade infantil e alfabetização, problemas endêmicos na região por décadas, por isso a escolha recaiu sobre esses indicadores de sustentabilidade.

No tocante a dimensão econômica o indicador de sustentabilidade escolhido foi a renda percapta, com a finalidade de auferir como está a renda na região, utilizando o mesmo critério espacial exposto anteriormente, cinco Municípios de cada Estado, efetivando a representatividade da região de Xingó a Foz.

Assim está delimitado:

Tabela 4 – Renda percapta Alagoas e Sergipe

Municípios Alagoas	Salário Mínimo 2010	Renda percapta	%	Municípios Sergipe	Salário Mínimo 2010	Renda percapta	%
Belo Monte	R$ 510	R$184,58	36,19%	Canindé do São Francisco	R$ 510	R$259,97	50,97%
Penedo	R$ 510	R$328,36	64,38%	Ilha das Flores	R$ 510	R$185,63	36,39%
Piaçabuçu	R$ 510	R$220,91	43,31%	Neópolis	R$ 510	R$277,28	54,36%
Piranhas	R$ 510	R$254,98	49,99%	Poço Redondo	R$ 510	R$197,83	38,79%
Porto Real do Colégio	R$ 510	R$189,13	37,08%	Propriá	R$ 510	R$390,62	76,59%

Na dimensão Institucional foi eleito o seguinte indicador de sustentabilidade, o percentual de aplicação no baixo São Francisco, em relação aos valores arrecadados na bacia Hidrográfica do São Francisco, demonstrar do montante que foi cobrado quanto foi destinado ao baixo no ano de 2010.

Assim está configurada a dimensão institucional:

Tabela 5 – Valores arrecadados na bacia hidrográfica do rio São Francisco

Valores arrecadados na Bacia do São Francisco 2010	Valores destinados ao baixo São Francisco 2010	Percentual aplicado no baixo São Francisco do total arrecado na bacia em 2010
R$ 8.631.081,38	R$ 1.500,00	0,0173%

Estabelecidas as dimensões ambiental, social, econômica e institucional foi estabelecida uma média de todos para elaboração do gráfico radar, ficando assim as médias obtidas:

Tabela 6 – Médias dos indicadores

Indicadores de Sustentabilidade	Média dos indicadores
Indicador ambiental	1.798 m^3/s
Indicador social 01	1,33%
Indicador social 02	70,766%
Indicador econômico	48,80%
Indicador institucional	0,0173%

Encontradas as médias de cada indicador eleito, para chegar ao gráfico radar foi preciso adimensionalizar as médias, ou seja, retirar todas as medidas e escalas, possibilitando uma análise sem o conflito de escalas e unidades.

O valor padronizado de cada indicador foi formado da seguinte forma:

Tabela 7 – Padronização dos indicadores

Valor padronizado do indicador	VPn	Valor a ser calculado
Valor médio de todos os indicadores	X	383,78

Desvio Padrão para todos os indicadores	S	791,161
Constante para todos indicadores	C	1000
Todos os cálculos estarão em anexo	----	---

Efetivado esse cálculo foi realizada a equação que chega a cada Valor Padronizado médio para cada indicador de sustentabilidade, sendo possível a partir desse cálculo construir o gráfico radar, seguem dados:

Tabela 8 – Valores padronizados dos indicadores

Valor Padronizado do Indicador	Fórmula	Resultado
01-VPn ambiental	1000+(1798-383,78)/791,161	3,051
02-VPn social 01	1000+(1,333-383,78)/791,161	0,7805
03-VPn institucional	1000+(0,0173-383,78)/791,161	0,7789
04-VPn social 02	1000+(70,766-383,78)/791,161	0,8683
05-VPn econômico	1000+(48,80-383,78)/791,161	0,8405

Calculado o VPm de cada indicador foi possível de fato estabelecer um resultado sem dimensão, ou seja, sem unidade ou escala, possibilitando a continuidade do gráfico radar.

Legenda do gráfico radar:

Tabela 9 – Áreas dos triângulos

Numeração	Indicadores de sustentabilidade	Área do triângulo
1	Indicador ambiental	0,299
2	Indicador social 01	0,0788
3	Indicador institucional	0,0873
4	Indicador social 02	0,0923
5	Indicador econômico	0,3279

Uma vez calculado o gráfico radar foi importante o cálculo de cada área respectiva ao triângulo que foi formado, gerando a partir desse momento a possibilidade da realização de uma análise critica do gráfico encontrado.

A obtenção do lado desconhecido do triângulo foi alcançada com a seguinte fórmula:

Tabela 10 – Fórmulas para áreas dos triângulos

Dn	**Lado desconhecido do triângulo**
Vpn +VPn+1	Valores padronizados dos indicadores
A	Ângulo formado entre os indicadores

As áreas estão assim definidas:

Tabela 11 – Áreas dos triângulos

Área do triângulo no gráfico radar	**Fórmula**	**Resultado**
D1 ambiental	√((3,051)^2)+(0,7805)^2-2x3,051x-0,7805xcos72°	3,811
D2 social 01	√((0,7805)^2)+(0,7789)^2-2x0,7805x-0,7789xcos72°	1,546
D3 institucional	√((0,8683)^2)+(0,7789)^2-2x0,8683x-0,8405xcos72°	1,633
D4 social 02	√((0,8405)^2)+(0,8683)^2-2x0,8683x-0.8405xcos72°	1,694
D5 econômico	√((3,051)^2)+(0,8405)^2-2x3,051x-0,8405xcos72°	3,869

Agora foi calculado o semiperímetro do triângulo, obedecendo a fórmula de Calorio (1997), seguindo os passos de Daniel et al (2001), destacando-se os seguinte aspectos da composição da equação:

Tabela 2 – Semiperímetros dos triângulos

Pn	**Semiperímetro do triângulo**
VPn e VPn+1	Valor padronizado do indicador
Dn	Lados do triângulo

Com esses dados foram levantados os semiperímetros dos triângulos gerados a partir do gráfico radar anteriormente exposto, estando assim:

Tabela 13 – Resultados dos semiperímetros

Semiperímetro do triângulo	Fórmula	Resultado
Pn ambiental	3,051+0,7085+3,811/ 2	3,821
Pn social 01	0,7805+0,7789+1,546/ 2	1,5527
Pn institucional	0,8683+0,7789+1,633/ 2	1,640
Pn social 02	0,8405+0,8683+1,694/ 2	1,701
Pn econômico	0,8405+03,051+3,869/ 2	3,880

Para chegar ao Índice de Sustentabilidade foi preciso também calcular a área do triângulo que formaram os seguintes resultados:

Tabela 14 – Áreas dos trinâgulos

Sn = área do triângulo	**Fórmula**	**resultado**
S1 ambiental	√3,821(3,821-3,051)(3,821-0,7805)(3,821-3,811)	0,299
S2 social 01	√1,5527(1,5527-0,7805)(1,5527-0,7789) (1,5527-1,546)	0,0788
S3 institucional	√1,640 (1,64-0,8683) (1,64-0,7789) (1,64-1,633)	0,0873
S4 social 02	√1,701 (1,701-0,8405)(1,701-0,8683) (1,701-1,694	0,0923
S5 econômico	√3,88(3,88-0,8405 (3,88-3,051)(3,88-3,89)	0,3297

Encerrados todos esses cálculos, só restou fazer o último cálculo que é do índice de Sustentabilidade para a região do baixo São Francisco, especificamente nesse estudo, de Xingó a Foz, incluindo os Estados de Alagoas e Sergipe. A formula é essa:

$$IS = \sum_{n=1}^{N} Sn$$

CAPÍTULO 3

O ÍNDICE DE DESENVOLVIMENTO HUMANO MUNICIPAL NA REGIÃO SOB INFLUÊNCIA DA BACIA HIDROGRÁFICA DO RIO SÃO FRANCISCO

O presente capítulo tem a finalidade de contextualizar social e economicamente a região do baixo São Francisco, analisando suas contradições sociais e ambientais, mas também trazendo avaliações que demonstram uma evolução da região objeto de estudo. Compulsando o site do Programa das Nações Unidas para o Meio Ambiente e Desenvolvimento – PNDU (http://www.pnud.org.br/IDH/DH.aspx), especificamente no Índice de Desenvolvimento Humano – IDH, o qual teve um aperfeiçoamento refletindo hoje a realidade dos Municípios brasileiros. Consultando o site[1] foi possível entender que o objetivo da criação do Índice de Desenvolvimento Humano - IDH foi o de oferecer um contraponto a outro indicador muito utilizado, o Produto Interno Bruto (PIB), que considerava apenas a dimensão econômica do desenvolvimento. Criado por Mahbub ul Haq com a colaboração do economista indiano Amartya Sen, ganhador do Prêmio Nobel de Economia de 1998, o IDH é uma ferramenta consolidada que busca medir o índice de desenvolvimento, sem contudo, representar a indicação da solução para todos os problemas ou o índice que conseguiu explicar todas as contradições e desigualdades, porém se constituiu numa ferramenta para planejadores, pesquisadores, gestores e demais atores sociais que desenvolvem atividades ligadas as políticas públicas, uma vez que expõe tendências, cenários prováveis, possibilitando uma ação pública voltada a correção de fatores que podem comprometer a qualidade de vida.

1 Dados extraídos do site http://www.pnud.org.br/IDH/DH.aspx.

O Relatório de Desenvolvimento Humano completou 20 anos, ao longo desse tempo todo um aprendizado foi consolidado, buscando cada vez mais fornecer uma análise real da situação do desenvolvimento humano, focando na saúde, educação e renda, fundado nos seguintes aspectos:

Identificar na comunidade a longeividade, fundada na expectativa de vida, baseada na vida longa, porém saudável;

A educação tem dois indicadores: 1. média de anos de educação de adultos, que é o número médio de anos de educação recebidos durante a vida por pessoas a partir de 25 anos; e 2. a expectativa de anos de escolaridade para crianças na idade de iniciar a vida escolar, que é o número total de anos de escolaridade que um criança na idade de iniciar a vida escolar pode esperar receber se os padrões prevalecentes de taxas de matrículas específicas por idade permanecerem os mesmos durante a vida da criança;

A avaliação da renda é realizada pela Renda Nacional Bruta (RNB) per capita expressa em poder de paridade de compra (PPP) constante, em dólar, tendo 2005 como ano de referência para estabelecimento dessa medida.

Indiscutivelmente, desde a sua primeira publicação em 1990, o índice é calculado anualmente. Desde 2010, as séries históricas são reavaliadas, em razão do ingresso e saída de países. O IDH é um índice aplicado mundialmente. É um índice-chave dos Objetivos de Desenvolvimento do Milênio das Nações Unidas e, no Brasil, tem sido utilizado pelo governo federal e por administrações regionais, principalmente com o ajuste metodológico que resultou no Índice de Desenvolvimento Humano Municipal (IDH-M), que retratou a situação de cada região dos 5.565 Municípios brasileiros.

O Atlas do Desenvolvimento Humano do Brasil se constituiu no instrumento de consulta para IDH-M, o qual possui informações socioeconômicas sobre todos os municípios e estados do país e Distrito Federal, além de possibilitar uma comparação entre os Municípios. No ano passado já foi lançado o Atlas 2013, consolidando as informações mais recentes do IDH-M.

O IDH-M é de fato uma refinamento da ferramenta IDH, e tem um foco maior na situação de cada Município, procurando analisar sob as bases do IDH, porém como maior banco de dados de indicadores a situação dos Municípios brasileiros, como informa a página do Atlas

> Em 2012, o PNUD Brasil, o IPEA e a Fundação João Pinheiro assumiram o desafio de adaptar a metodologia do IDH global para calcular o IDH Municipal (IDH-M) dos 5.565 municípios brasileiros a partir dos dados do Censo Demográfico de 2010. Também recalculou-se o IDHM, a partir da metodologia adotada, para os anos de 1991 e 2000, por meio de uma minuciosa compatibilização das áreas municipais entre 1991, 2000 e 2010 para levar em contas as divisões administrativas ocorridas no período e permitir a comparabilidade temporal e espacial entre os Municípios. O desafio já havia sido enfrentado nas edições do Atlas de 1998 e 2003. (site http://atlasbrasil.org.br/2013/pt/o_atlas/idhm/).

Ao passar dos anos o índice teve ajustes com a finalidade de refletir melhor as condições sócio-econômicas de cada área de estudo. Assim, aliado ao IDH, foi criado Índice de Desenvolvimento Humano Ajustado a Desigualdade - IDHAD, também veio o Índice de Pobreza Multidimensional - IPM e finalmente o Índice de Desenvolvimento de Gênero – IDG.

Índice de Desenvolvimento Humano Ajustado à Desigualdade (IDHAD) foi introduzido no IDH 2010, que levou em consideração a desigualdade em todas as três dimensões do IDH fazendo o ajuste do valor médio de cada dimensão de acordo com seu nível de desigualdade.

Índice de Desigualdade de Gênero (IDG) reflete desigualdades com base no gênero em três dimensões – saúde reprodutiva, autonomia e atividade econômica. A saúde reprodutiva é medida pelas taxas de mortalidade materna e de fertilidade entre as adolescentes; a autonomia é medida pela proporção de assentos parlamentares ocupados por cada gênero e a obtenção de educação secundária ou superior por cada gênero; e a atividade econômica é medida pela taxa de participação no mercado de trabalho para cada gênero.

Índice de Pobreza Multidimensional (IPM) foi introduzido no ano de 2010, o qual buscou identificar as deficiências em educação, saúde e padrão de vida nos mesmos domicílios. As dimensões de educação e saúde se baseiaram-se em dois indicadores cada, enquanto a dimensão do padrão de vida se baseiou em seis indicadores. Todos os indicadores necessários para elaborar o IPM para um domicílio foram obtidos pela mesma pesquisa domiciliar.

Os indicadores foram ponderados e os níveis de privação foram computados para cada domicílio na pesquisa. Um corte de 33,3%, que equivale a um terço dos indicadores ponderados, foi usado para distinguir entre os pobres e os não pobres. Se o nível de privação domiciliar for 33,3% ou maior, esse domicílio (e todos nele) foi multidimensionalmente pobre. Os domicílios com um nível de privação maior que ou igual a 20%, mas menor que 33,3%, foram vulneráveis ou foram enquadrados em risco de se tornarem multidimensionalmente pobres.

Na verdade, todos esses índices, formados por uma série de indicadores buscaram retratar uma situação complexa que foi a do Brasil, com suas contradições, desigualdades, desenvolvimento e retrocessos, entender essa complexa teia social foi o que tentou esse conjunto de índices, numa tarefa de tentar apontar soluções que poderiam refletir na melhoria das condições sociais do país e precisamente da região do Baixo São Francisco.

Os dados nos recortes do Atlas de Desenvolvimento Humano 2013, uma produção do Programa das Nações Unidas para o Desenvolvimento – PNUD, demonstraram a situação do desenvolvimento humano nos Municípios brasileiros nas últimas duas décadas.

Um dado estarrecedor, no ano de 1991 o Brasil possuía 4.777 Municípios no índice muito baixo de desenvolvimento humano, representando 85,8%, em 2000 o cenário sofreu uma melhora, passando para 2.328 Municípios na faixa de muito baixo, totalizando 41,8% e finalmente no ano de 2010 esse número caiu para 32, representando 0,6% do conjunto.

Nitidamente foi verificada que a situação identificada no ano de 1991 sofreu uma grande alteração no ano de 2010, foi correto afirmar que uma substancial modificação ocorreu, pois o Brasil detinha 85,8% de seus Municípios numa condição deplorável de desenvolvimento humano e num espaço de duas décadas reverteu esse quadro para uma situação de 0,6% dos Municípios na condição de muito baixo.

Como colocado no início dessa avaliação, isso não significou que esse progresso no IDH-M representou a solução de todos os problemas, erradicação da pobreza e de todo conjunto de problemas que afetavam os Municípios brasileiros, especificamente os que estavam na pior escala e conseguiram migrar.

Isso significou que investimentos mediante políticas públicas foram realizados e que alguns indicadores indicaram uma melhora nas condições de vida, todavia, essas regiões ainda acumularam uma série de problemas que refletiram a necessidade de uma atuação mais forte da Administração Pública no enfrentamento das desigualdades sociais.

No ano de 1991 o Brasil não tinha nenhum Município, incluindo as grandes metrópoles, no índice muito alto de desenvolvimento humano, em 2000, apenas 1 Município conseguiu, já em 2010 foram 44 Municípios no nível muito alto de desenvolvimento humano.

No nível alto, em 1991, nenhum Município chegou, em 2000 foram 133 Municípios alçados a condição de alto desenvolvimento humano e em 2010 o número de 1.889 Municípios alcançou a condição de alto desenvolvimento humano.

Outro dado comparativo interessante, no ano de 2010 as regiões Sul/Sudeste e Centro Oeste não possuíam nenhum Município na classificação muito baixo, porém as regiões Norte/Nordeste ostentavam ainda esse nível muito baixo, além de não terem conseguido nenhum Município no nível muito alto, dados que demonstraram a acentuada desigualdade regional.

Para piorar a avaliação de desenvolvimento humano da Região Nordeste, os Estados de Alagoas e Maranhão foram detentores dos piores índices de desenvolvimento humano do Brasil espelhando a desigualdade real nesse imenso país.

Contudo é importante efetivar uma análise crítica e correta, verificando que de 1991 a 2010 o IDH-M cresceu 47,5%, que de fato a desigualdade e pobreza não foram erradicadas, mas de fato o Brasil investiu em políticas públicas essenciais e ocorreu uma melhoria no IDH-M, bem como em diversos indicadores de outras fontes pesquisadoras.

O recorte metodológico de pesquisa aqui foi o baixo São Francisco, que como todas as demais regiões do país apresentou desigualdades no seu contexto geral, mas também como as demais regiões do Brasil apresentou um crescimento no índice.

O baixo São Francisco apresentava indicadores que foram trabalhados nesse estudo que denotaram problemas endêmicos e causadores da permanência de um IDHM baixo em diversas localidades, conforme esclareceu o mapa abaixo. Gerando uma contradição incompreensível, Municípios localizados às margens de uma bacia hidrográfica rica em recursos naturais e ostentando por décadas indicadores sociais terríveis que sinalizam para tendências da permanência de forma endêmica da miséria, não obstante as oportunidades existentes na bacia hidrográfica.

Figura 4 - Mapa do IDHM/2000 da região do baixo São Francisco.

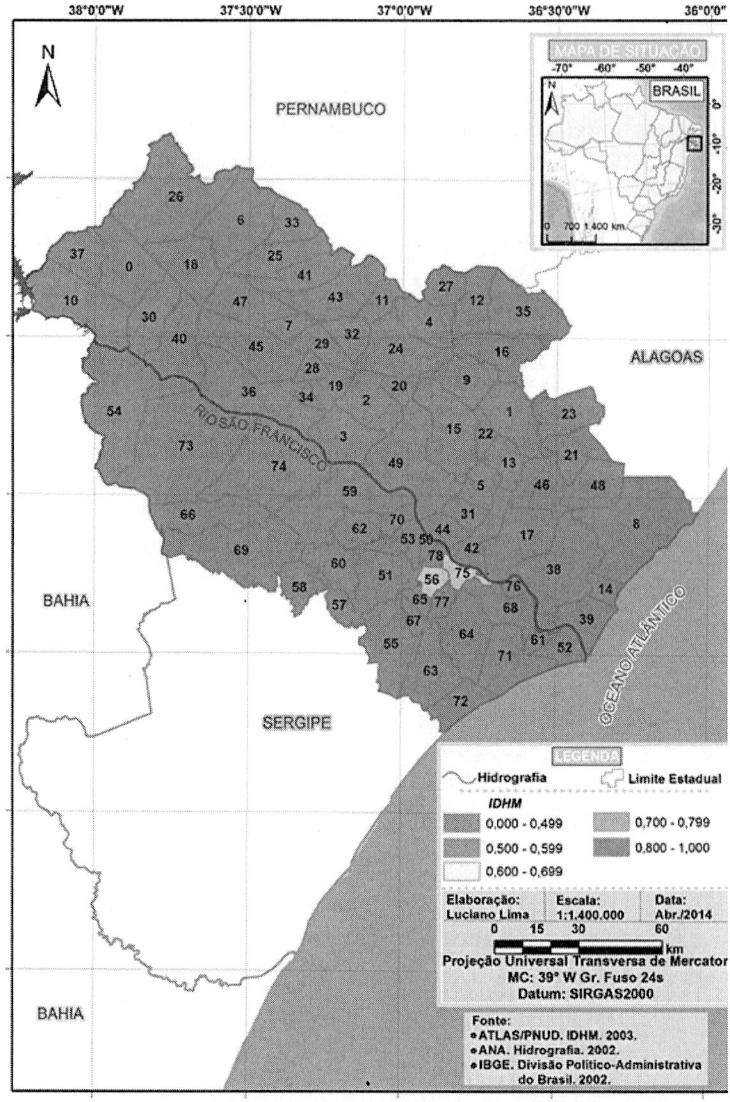

LIMA,L. ELABORADO PARA ESTA PESQUISA 2013

A situação do desenvolvimento humano no ano de 2000 na região objeto de estudo, numa situação extremamente delicada quando praticamente todos os Municípios no índice muito baixo, ou seja, entre 0,000 a 0,499, caracterizando a gravidade da situação social e econômica da região na época.

Esse quadro sofreu alteração uma década depois, quando o mapa demonstrou uma alteração maior na região, representando de fato uma substancial alteração, não para os índices desejados, todavia, para uma situação de melhoria dos índices de desenvolvimento humano.

Abaixo segue o mapa do IDHM uma década depois, demonstrando que de fato a região melhorou, porém continua com vários problemas endêmicos, mas em relação ao patamar anterior teve um pequeno desenvolvimento.

Figura 5 - Mapa do IDHM/2010 na região do baixo São Francisco.

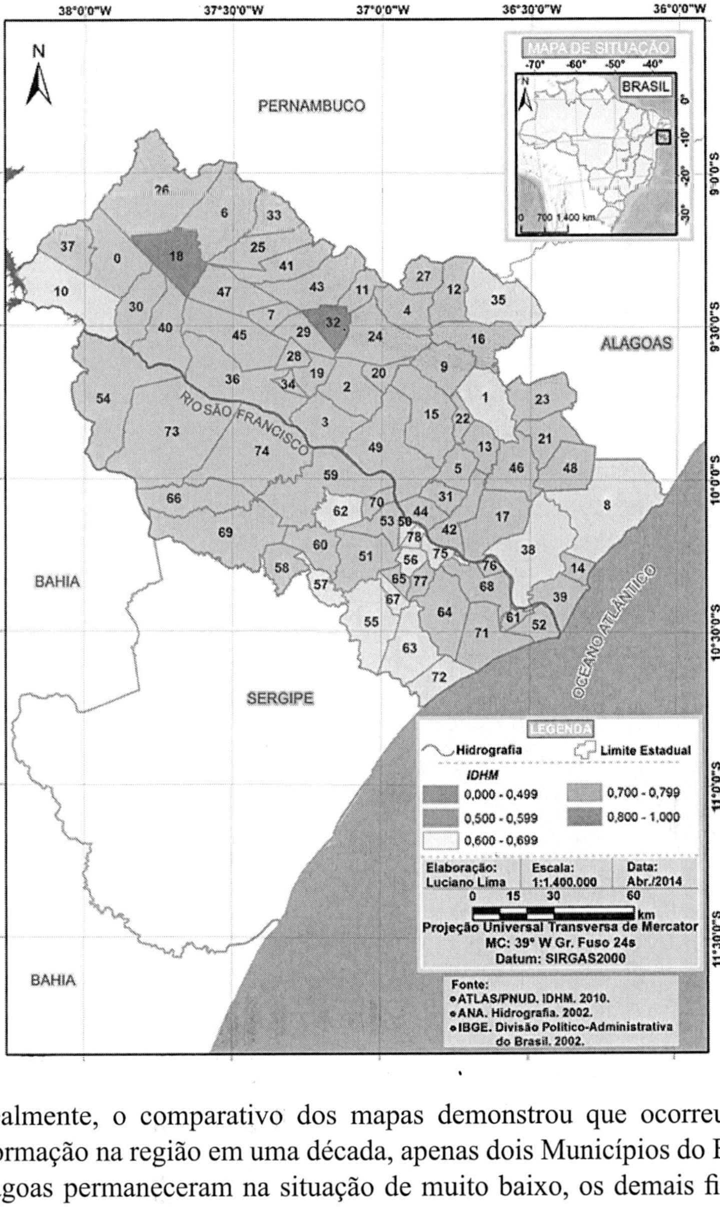

LIMA,L. ELABORADO PARA ESTA PESQUISA 2013

Realmente, o comparativo dos mapas demonstrou que ocorreu uma transformação na região em uma década, apenas dois Municípios do Estado de Alagoas permaneceram na situação de muito baixo, os demais ficaram entre baixo e médio, sendo que em Sergipe não existe nenhum Município no índice muito baixo.

Claro que se for efetivada uma avaliação crítica, a maioria ficou alocada no índice baixo, levando em conta a riqueza inserida na bacia hidrográfica do rio São Francisco, isso foi um fator a ser pontuado, foi possível continuar entendendo que a região tem permanecido numa situação precária. Porém, foi fundamental entender que em uma década ocorreu uma recuperação grandiosa.

Contudo, também deve ser pontuada que essa década de melhora na região foi caracterizada pelo aumento de programas governamentais, dentre eles o mais conhecido, o bolsa família, que de fato foi uma junção de dezenas de programas em um só. Esse fato indiscutivelmente levou a melhoria de indicadores, só para exemplificar, dentro do bolsa família foi alocado o bolsa escola, que obrigou a permanência em sala de aula do filho do beneficiário, sob pena de suspensão do programa, esse programa trouxe resultados.

Agora, a grande avaliação seria se a suspensão de todos os programas governamentais representariam a consolidação do desenvolvimento da região ou o caminho de retorno para os indicadores baixos do passado, essa prova só o tempo poderá produzir.

Agora outros dados mereceram comparação também, entre Sergipe e Alagoas, que não obstante dividirem a mesma bacia, na sua parte mais baixa, espelharam realidades socais, políticas e econômicas diversas, estando o Estado de Sergipe numa situação econômica melhor do que o Estado de Alagoas.

No quadro abaixo uma comparação do Brasil, Sergipe e Alagoas, espelhando a realidade em termos de índice, colecionando os piores IDHM de cada Estado e fazendo a comparação.

Tabela 15 - Quadro comparativo do IDHM, apresentando os piores resultados na região

	IDH-M 1991	IDH-M 2000	IDH-M 2010	% Ext. pobres 1991	% Ext. pobres 2000	% Ext. pobres 2010
Brasil	0,493	0,612	0,727	18,64	12,48	6,62
Alagoas	0,370	0,471	0,631	36,02	31,95	16,66

Sergipe	0,408	0,518	0,665	31,04	24,52	11,70
Olho D'água Grande	0,238	0,368	0,503	66,93	59,49	46,25
Poço Redondo	0,228	0,363	0,529	59,49	56,11	36,41

O quadro comparativo demonstrou a real situação do baixo São Francisco, marcado pela pobreza, desigualdades sociais, econômicas, mostrando uma pequena reação do contexto geral, porém num cenário que indicou a necessidade de grandes investimentos na recuperação das condições ambientais de toda uma região, pois quando se analisou pormenorizadamente o IDHM, fundamentado em 180 indicadores, foi perceptível os pontos frágeis da região do baixo São Francisco.

Mais o quadro também indicou um cenário que deve ser observado, o Estado de Sergipe em todos os índices foi melhor do que o Estado de Alagoas, estando sempre mais próximo dos índices do Brasil, fato que pode ter diversas causas explicativas, mas que foi perceptível na análise dos dados. Porém, um melhor com ressalvas, uma vez que melhor dentro de um cenário preocupante.

O baixo São Francisco de fato continuou com indicadores que representaram uma situação de desigualdade social, mesmo que nas últimas décadas esses indicadores contenham uma melhoria geral nas condições de dignidade humana, na verdade retrataram ainda um patamar social grave, violando flagrantemente o princípio constitucional da dignidade da pessoa humana.

Um dado a ser observado na evolução do Estado de Sergipe, o modelo radar da região do baixo São Francisco, a qual retratou a melhoria das condições dos Municípios que estão na margem da bacia hidrográfica do rio São Francisco.

Esse quadro mostrou muito bem a evolução do Estado de Sergipe, na área de influência do baixo, quando ficou caracterizado que o índice dantes extremamente baixo, terminou por aproximar ao índice do Estado de Sergipe, sofrendo uma sensível melhora no conjunto geral.

Segue o radar Sergipe[2]:

[2] Dados extraídos do site http://www.pnud.org.br/IDH/DH.aspx.

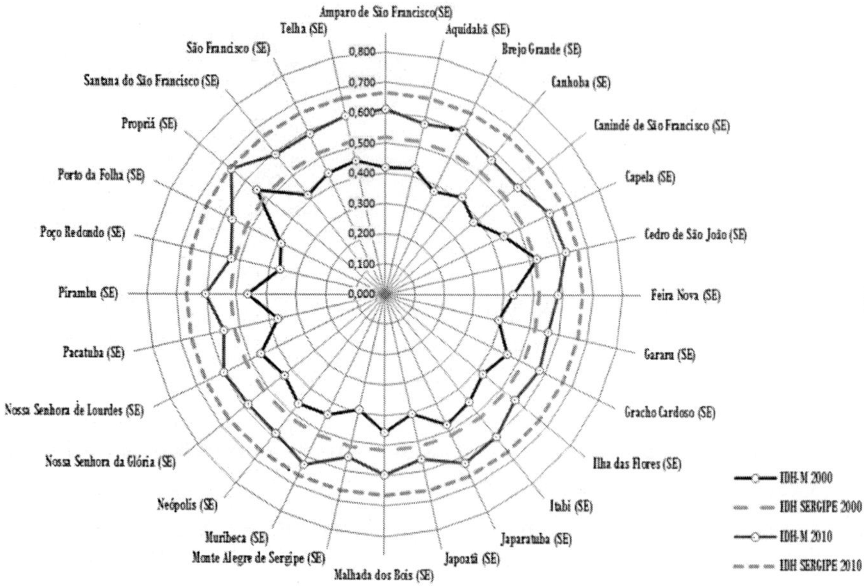

A análise do IDH-M obrigou outra conclusão, na área de influência da bacia hidrográfica do rio São Francisco, especificamente da sua parte mais baixa, foram identificados dois Municípios, Poço Redondo – SE e Olho D'Água Grande – AL, que acumularam os piores IDH-M da região, mesmo ao lado de uma fonte imensa de riquezas e produtividade que continua sendo a bacia hidrográfica do rio São Francisco, que com diversas atividades possíveis pode gerar renda, melhoria das condições de vida, dignidade humana e proteção ambiental.

Não obstante todo investimento, a situação de pobreza na região foi constatada, apesar da melhoria de alguns indicadores e índices, o convívio com o período de estiagem ainda foi difícil e normalmente imperou uma situação grave para a população mais carente, obrigando até os dias atuais programas com carros pipas e sextas básicas.

Importante destacar que na última década houve um investimento em grande escala em programas sociais, bolsa família (junção de diversos programas federais), bolsa safra, auxílio para o período de estiagem, dentre outros que tiveram o objetivo fundamental de buscar a redução das desigualdades e a pobreza, objetivos formais, porém, de fato, a miséria, a fome e a inexistência de alternativas continuaram acentuados, principalmente nos períodos de grande estiagem.

Diversos foram os programas e suas respectivas políticas públicas, com a finalidade de inserir formas de minorar o sofrimento e o estado de pobreza de parte da população brasileira, e de fato, os índices refletiram essa melhoria, restou saber se a retirada desses programas levaria a um retrocesso em grande escala.

Porém, foi importante entender e saber o tamanho da intervenção estatal, que se concretizou através de uma cadastro único, ferramenta para alcançar a família que foi beneficiada pelo Estado, como informou o Ministério do Desenvolvimento Social[3]:

Dessa forma, foram diversos os programas que atingiram diretamente a família carente e que residia em uma região que ostentava um IDH-M baixo, retratando as condições indignas de sobrevivência da comunidade.

O Governo Federal com o fito de facilitar e melhorar o acesso da família aos programas sociais criou o cadastro único que facilitou a inclusão nos diversos programas e mantém ao mesmo tempo um controle sobre a eficiência e qualidade do programa desenvolvido.

Uma tabela compara os dados de Alagoas com Sergipe, principalmente com as cidades localizadas na região do baixo São Francisco, buscando demonstrar como foi o desempenho dos dois Estados Federados, principalmente na região em comum, que foi a do baixo São Francisco.

Tabela 16- 10 menores IDHM dos estados (em amarelo, cidades do baixo São Francisco)

SERGIPE			**ALAGOAS**		
CIDADE	**IDHM (2000)**	**IDHM (2010)**	**CIDADE**	**IDHM (2000)**	**IDHM (2010)**
Tobias Barreto (SE)	0,407	0,557	Senador Rui Palmeira (AL)	0,299	0,518

3 http://www.mds.gov.br/saladeimprensa/noticias/2013/setembro/cadastro-unico-garante-acesso-a-programas-sociais-do-governo-federal

Itabaianinha (SE)	0,380	0,556	Belo Monte (AL)	0,331	0,517
Pacatuba (SE)	0,368	0,555	Colônia Leopoldina (AL)	0,377	0,517
Cristinápolis (SE)	0,398	0,553	Branquinha (AL)	0,311	0,513
Monte Alegre de Sergipe (SE)	0,390	0,553	Canapi (AL)	0,306	0,506
Tomar do Geru (SE)	0,350	0,551	Roteiro (AL)	0,339	0,505
Santa Luzia do Itanhy (SE)	0,349	0,545	Mata Grande (AL)	0,356	0,504

Esse quadro comparativo também demonstrou que os IDH-M do Estado de Sergipe são melhores do que os do Estado de Alagoas, diversos fatores podem explicar esse resultado, porém uma explicação plausível foi de que o impacto positivo das políticas públicas federais e estaduais foram mais forte no Estado de Sergipe.

Um dado interessante, no Estado de Sergipe, os dez piores IDH-M, ou seja, 40% foram de Municípios localizados no baixo São Francisco, enquanto no Estado de Alagoas, os dez piores IDH-M, 70% foram de Municípios localizados no baixo São Francisco Alagoano.

Outro dado também significativo, de todos os IDH-M, ou seja, dos dez piores de cada Estado, em todos o Estado de Sergipe superou o Estado de Alagoas, lembrando que os dos Estados de Alagoas e Maranhão ostentaram no último Atlas 2013 a classificação de Estados que obtiveram os piores IDH-M do Brasil.

Aqui, outro ponto interessante, os programas federais para combate a desigualdade e pobreza foram os mesmos, mas o Estado de Sergipe obteve melhor eficiência na execução, diminuindo um pouco a distância entre o real e o ideal, porém essa análise tem que ser mais profunda, buscando a base histórica da ocupação do território e os processos produtivos, que não foram temas desse trabalho.

Todo o conjunto de indicadores que compuseram os diversos índices de desenvolvimento humano, trabalhados pelo Programa das Nações Unidas para o Desenvolvimento – PNUD, demonstraram que existe de fato uma dissociação extrema entre a riqueza que a bacia do rio São Francisco sempre ostentou e as condições de dignidade humana dos habitantes da sua área de influência.

Interessante observar o que informou o site do Comitê de Bacia Hidrográfica do rio São Francisco, no tocante as riquezas que a bacia hidrográfica possui e como elas poderiam contribuir para o desenvolvimento[4]:

> Do ponto de vista mineral, a região do São Francisco é um riquíssimo depósito, com jazidas localizadas principalmente no alto Rio das Velhas, importante afluente. As reservas minerais, em relação às reservas nacionais, são de 100% de agalmatolito e cádmio; 95% de ardósia, diamante e serpentinito industrial; 75% de enxofre e zinco; 65% de chumbo; 60% de cristal; 50% de gemas; entre 40 e 20% de dolomito, quartzo, ouro, granito, cromita, ferro, gnaisse, calcário, mármore e urânio.
>
> No Alto, Médio e Baixo São Francisco há predominância de solos com aptidão para a agricultura irrigada (latossolos e podzólicos). O Sub-Médio é a área do vale com os menores potenciais de solos e reduzidas possibilidades de irrigação. Cerca de 13% da área total da bacia apresenta perda de solo superior a 10 t/ha/ano, o que representa o limite de tolerância para a maioria dos solos tropicais. Boa parte dessas áreas críticas é produtora de alimentos e fibras, como os casos dos vales dos rios Abaeté, Velhas e Pajeú e de áreas do Baixo São Francisco.
>
> O rio São Francisco apresenta a maior biomassa e diversidade de peixes da região, sendo as principais espécies a sardinha, a pilombeta, o pacu, a cachorra, o dourado, a tabarana-branca, o matrinchã, o aragu, o curimatã, a pirambeba e a piranha, além dos sarapós, tubis, bagres, cascudos, corvinas, barrigudinhos e surubins.
>
> Riquezas minerais, solos férteis e um potencial pesqueiro extraordinário, ao longo dos anos essas riqueza não serviram para alavancar algumas regiões da bacia hidrográfica, pelo contrário, ao longo de décadas e séculos, essa regiões permaneceram numa situação deplorável.

Observando o IDH-M do ano de 1991, a região do baixo São Francisco mantinha um cenário catastrófico, todos os Municípios dos Estados de Sergipe e Alagoas estavam no índice muito baixo, cenário vermelho, tiveram uma melhora no ano de 2000, contudo a substancial mudança foi no ano de 2010, quando a maioria chegou à condição de baixo. É importante registrar que o Estado ainda precisa intervir para combater a desigualdade, porém

4 Dados coletados http://cbhsaofrancisco.org.br/bacia-hidrografica-do-rio-sao-francisco/as-riquezas-da-regiao

surgiu um novo ator, o Comitê de Bacia Hidrográfica, com recursos que podem ser investidos na bacia hidrográfica, mais precisamente na região do baixo São Francisco.

Outro ponto que foi devastador na pesquisa, infelizmente não foi a potencialidade da bacia hidrográfica do rio São Francisco o fator que alterou a realidade social na região, ou seja, não foi o potencial de riqueza, geração de emprego e renda, atividades, turismo, lazer, enfim, não foram as diversas oportunidades geradas pela potencialidade da bacia hidrográfica o fato gerador da mudança, contudo, uma intervenção direta do Governo Federal, com programas que de fato assistem os pobres, porém não oferecem um horizonte de mudança, muitos deles geram uma situação de dependência e vinculação a um programa que jamais poderá ser suprimido.

Esse foi o grande entrave na região do baixo São Francisco, a potencialidade de riquezas da bacia não foi um fato gerador de mudanças, pelo contrário, projetando dois cenários ao longo dos anos, de um lado uma bacia com potencialidades e do outro uma população sofrida, pobre, miserável, que não consegue desfrutar das riquezas que essa imensa bacia disponibiliza.

A economia terminou retratando toda essa desigualdade dentro da bacia do rio São Francisco, os dados existentes na página do Comitê de bacia Hidrográfica do São Francisco retratou bem essa realidade, assim exposta[5]:

> A realidade socioeconômica da bacia do rio São Francisco apresenta grandes contrastes entre as regiões, entre os estados, entre os meios urbanos e rural e ainda entre as faixas de população, reproduzindo, assim, em grande medida, a desigualdade que ainda caracteriza a sociedade brasileira.
>
> No âmbito social, o Plano Decenal de Recursos Hídricos da Bacia, concebido para o período 2003-2013, identificou variações significativas em indicadores como o índice de mortalidade infantil (variável de 25,66% em Minas até 64,38% em Alagoas), o Índice de Desenvolvimento Humano – IDH (entre 0,823 no Alto São Francisco, onde se localiza a Região Metropolitana de Belo Horizonte a 0,538 nas demais sub-bacias) e o PIB per capita (desde R$5.239 em Minas até R$2.275 em Alagoas).
>
> Na esfera econômica, entre as regiões há aquelas mais fortemente contempladas com a presença de indústrias e agroindústrias, como acontece no Alto, Médio e SubMédio, notadamente nas zonas industriais extrativas de Minas e nos polos agroindustriais de grãos e fruticultura localizados

[5] Dados coletados http://cbhsaofrancisco.org.br/bacia-hidrografica-do-rio-sao-francisco/a-socioeconomia

no Norte e Oeste da Bahia e no Sul de Pernambuco. No Baixo, a socioeconomia ribeirinha ainda se vincula significativamente à agropecuária e à pesca tradicionais, porém com crescimento expressivo da aquicultura, turismo e lazer.

Infelizmente, essa foi a constatação terrível, a grande realidade da bacia hidrográfica do rio São Francisco, contraste de uma região que esconde uma riqueza exuberante e ao mesmo tempo conserva comunidades com um IDH-M baixo, com graves problemas sociais.

O cenário atual já incorporava intensos conflitos, que poderiam ser potencializados, pelo uso da água na bacia. No ano passado terminou o primeiro plano decenal da bacia que trouxe avanços, porém não enfrentou todos os conflitos, apesar de estabelecer algumas metas no referido documento.

Na elaboração do plano decenal, 2004-2013 foram realizadas reuniões específicas, em média duas, no alto, médio, submédio e baixo São Francisco, com a finalidade de identificação das demandas de cada sub-região.

No baixo São Francisco foram realizadas duas reuniões, uma em Maceió e outra em Aracaju, um fato importante a ser destacado foi o elevado número de necessidades surgidos das reuniões do baixo São Francisco, como pro exemplo essas

· Garantir a inserção do CBHSF no processo de definição de operação dos reservatórios estratégicos da bacia, junto ao setor elétrico;

· Garantia de vazão ecológica para a Foz (quantidade e qualidade) e zona costeira associada;

Garantia de vazão ecológica mínima PROVISÓRIA para a Foz de 1.300m^3/s (até a conclusão de estudos específicos e homologação pelo CBHSF e Setor Elétrico), como garantia de manutenção do ecossistema e a preservação da biodiversidade aquática do Baixo São Francisco e Zona Costeira associada;

· Que o CBHSF defina como prioridade no plano, o processo de negociação para revisão dos critérios de aplicação de outorga praticados pelos Estados, nos rios afluentes, com vistas à composição do pacto de gestão da Bacia;

· Necessidade de levantamento dos focos de poluição: mapeamento e avaliação dos focos de riscos de acidentes ecológicos, e definição de um programa de gestão de acidentes hidroambientais e formação de um grupo de monitoramento, pesquisa e informações;

· Necessidade de realização de estudo para estabelecimento do regime de vazões ecológicas mínimas que incorpore o conceito de variações sazonais e apenas de vazão regularizada, para o Baixo são Francisco, sua Foz e Zona Costeira adjacente;

· O Comitê propõe estudos para adoção de um regime de vazões sazonais (periódicas) do rio, no baixo São Francisco, visando não apenas a vazão mínima na foz, mas vazões que permitam também o enchimento das lagoas periféricas;

· Incorporar os custos sócio-econômicos e ambientais verificados à jusante na metodologia de planejamento, gestão e controle de vazões liberadas pelos reservatórios estratégicos no âmbito da Bacia;

· Realização de estudos para "aprofundar" as alternativas e/ou soluções para a produção de sedimentos e nutrientes ajuzante de Xingó, para atendimento às demandas da Foz do baixo curso do rio São Francisco, sua foz e zona costeira associada;

· Quanto à divisão fisiográfica da Bacia, a plenária recomenda que não deve ser alterada, inclusive para efeito do Plano de Bacia, ressaltando os prejuízos que seriam causados aos interesses do Baixo São Francisco e dos Estados de Sergipe e Alagoas E que quaisquer alterações, devem ser discutidas previamente com a participação do CBHSF e submetidas a apreciação do Plenário do CBHSF;

· Que no processo de elaboração do balanço hídrico, se apresentem não só os usos consuntivos, mas também os não consuntivos;

· E que a disponibilidade hídrica, seja calculada subtraindo, além dos usos apresentados pela GTT, a vazão de restrição (ecológica); ou seja, que a vazão mínima da Foz, que deve ser considerada como demanda no calculo do balanço hídrico, antes da alocação da água;

· Solicita-se incorporar ao Plano a proposta do desenvolvimento de ações para assegurar a aplicação na própria bacia do RSF dos recursos oriundos das Medidas Compensatórias pela construção de barragens, exploração de petróleo, transposições e outros empreendimentos, nas prioridades definidas no Plano da Bacia, assim como dos recursos oriundos da compensação financeira paga pelo setor elétrico pelo uso dos recursos hídricos do rio São Francisco;

· Eleger como prioridade regional a criação e implantação do mosaico de Unidades de Conservação da Foz envolvendo os Estados de Sergipe e Alagoas

· Eleger como prioridade regional a criação de unidades de conservação no entorno de Xingó e corredor ecológico Xingó-Foz;

· O Plano da Bacia e o Programa de Revitalização deverá incorporar entre as possíveis fontes de financiamento a criação de um Fundo de

Revitalização do RSF e o Comitê deverá apoiar explicitamente a aprovação da PEC 27 que se encontra na Câmara dos Deputados. Solicita-se à Diretoria encaminhar oficialmente manifestação à Comissão Especial Parlamentar e à Ministra do Meio Ambiente;

· Recomenda-se e reivindica-se que seja dado um papel de maior destaque à participação do CBHSF na gestão do programa de revitalização, incluindo:

i. viabilizar a participação de um representante do CBHSF no Conselho Gestor da Revitalização, conforme solicitado pelo Plenário do CBHSF;

ii. que seja modificado o nome de Comitê Gestor para Conselho Gestor do Programa de Revitalização, conforme solicitado pelo Plenário do CBHSF;

iii. Recomenda-se que no texto do Programa de Revitalização seja incluída a discriminação de como se dará a integração com o Plano de Recursos Hídricos da Bacia;

iv. Garantir que as unidades de coordenação estadual do Programa de Revitalização tenham uma coordenação colegiada, na qual estejam representados o CBHSF, o GT do MMA, o GT do MI, as OEMAS e os órgãos dos ministérios MMA e MI no Estado (Ibama, Codevasf, etc.);

v. Apoiar o acordo negociado com o GT da Revitalização em relação à escolha do símbolo da Campanha de Revitalização através de um processo de consulta, de forma que na Plenária de Juazeiro, o CBHSF possa de pronunciar sobre a escolha da marca.

· Propor a incorporação do ACERVO do Theodomiro Araújo ao CBHSF, dando o nome de Theodomiro ao acervo. Propor ao Plenário do CBHSF a criação de uma medalha àqueles que se destacam na defesa do rio São Francisco;

· Priorizar a elaboração de um Plano de Ordenamento da Pesca no Baixo São Francisco e a realização de Estudos sobre os atuais ciclos reprodutivos da Ictiofauna de forma a subsidiar as medidas de revitalização do ecossistema;

· Que o Plano da Bacia e o Programa de Revitalização incorporem a recomendação de que o IBAMA direcione a aplicação das medidas compensatórias referentes aos empreendimentos localizados na bacia, em especial usinas hidrelétricas, exploração de petróleo na planície costeira do rio São Francisco, e outros empreendimentos, para ações na própria bacia do Rio São Francisco. De imediato solicita-se liberação destes recursos para viabilizar a constituição e implantação das Unidades de Conservação da Foz, Corredor Ecológico e Parque Nacional do entorno de Xingó e do Canyon do Baixo São Francisco;

· Eleger como prioridade regional a implantação do pólo de turismo no baixo SF entendido como eixo aglutinador das ações de revitalização na região;

· Negociar com a ANA a aplicação na própria bacia do Rio SF dos recursos advindo do pagamento do setor elétrico pelo uso dos recursos hídricos, conforme solicitado pelo Plenário do Comitê e conforme as prioridades estabelecidas no Plano da Bacia;

· Realizar estudos prévios imediatos sobre os impactos potenciais que poderão ser causados pela eventual construção da Barragem de Pão-de-Açúcar sobre a fauna aquática e sobre os processos de assoreamento e erosão marginal no rio e na foz.

Na verdade as demandas do baixo São Francisco apresentadas nas duas reuniões da elaboração do plano decenal sinalizam da gravidade e da necessidade da intervenção estatal na região, deixando claro as necessidades do conjunto, lembrando que essas citadas acima foram apenas algumas, existiram demandas para revitalização, alocação de água, a questão hidroambiental, a pesca e outras que estão especificadas no plano decenal..

Mais de uma década depois da instalação do Comitê de Bacia Hidrográfica do rio São Francisco, foi importante reconhecer que de fato ocorreu uma melhoria na gestão do conjunto da bacia hidrográfica, porém aquém da necessidade coletiva e do crescimento populacional, bem como das atividades exercidas, não obstante alguns pontos terem sido enfrentados, outros ficaram em aberto como salienta Wildes

> No baixo, diferentemente da realidade organizacional do Tocantins, uma estrutura de gestão participativa das águas existe desde a década de 1900. Inicialmente, por meio do Comitê Executivo de Estudos Integrados do Vale do São Francisco – CEEIVASF e, atualmente, na forma de um comitê da bacia instituído por decreto da Presidência da República. Caberia o Comitê aprovar o plano de recursos hídricos da bacia e nele estabelecer os usos múltiplos das águas (GEF 2002). O plano aprovado em 2004, no entanto, não contemplou tal questão, bem como não definiu prioridades entre os usos nem as condições a que estaria sujeita a operação dos reservatórios. Essa indefinição fez remeterem-se as negociações eventuais à mediação da ANA, conforme atribuição definida pela Lei Federal 9984, de 2000. O Comitê da bacia nunca se reuniu para definir as condições para uso múltiplo ou para arbitrar administrativamente conflitos entre usuários. Omitindo-se, o comitê delegou tais funções, na prática, à ANA. (Wilde, 2013, 166).

Na verdade, como esclareceu Wilde (2013), o Comitê de Bacia Hidrográfica do rio São Francisco – CBHSF, vem exercendo suas atribuições, porém ainda não atingiu a plenitude da previsão legal, alguns aspectos não foram enfrentados, prejudicando a bacia hidrográfica e permitindo que outros Órgãos atuem supletivamente como previsto na Lei 6938/81.

Ainda mais quando já foi implementado o sistema de cobranças pelo uso da água do rio São Francisco, o qual possibilitou até o momento uma arrecadação aproximada de 70 (setenta) milhões de reais, recursos que poderiam servir para melhoria das condições ambientais da bacia hidrográfica, como também das condições de vida da população.

A situação adquiriu uma maior gravidade, em termos de omissão do Comitê do São Francisco, uma vez que já foi arrecadado um volume de recursos consideráveis na bacia hidrográfica e que não tiveram a aplicação devida no enfrentamento das questões vitais da região, que serão enfrentadas no capítulo seguinte.

CAPÍTULO 4

A GESTÃO DESCENTRALIZADA, PARTICIPATIVA E OS INDICADORES AMBIENTAIS

O grande marco legal no tocante a gestão hídrica foi de fato a Constituição de 1988[1], quando estabeleceu o domínio público da água entre a União e os Estados da Federação, desencadeando um novo modelo gerencial, baseado em uma nova fundamentação legal, fruto da redemocratização do país e da convocação de um Congresso Constituinte.

Com o Congresso Constituinte uma nova constituição foi concretizada e promulgada em 05 de outubro de 1988, representando o momento de rompimento com o passado e início de fato e de direito do Estado Democrático Constitucional de Direito.

Na verdade, até aquela data vigorava o estabelecido no antigo Código de Águas, o qual estabelecia o domínio da água entre a União, Estados, Municípios e particulares, numa repartição muito mais elástica que a atual.

Quando a Constituição de 1988 revogou esse artigo do Código de Águas e estabeleceu um novo paradigma, alterou a gestão e delimitou um novo campo de competência, resultando na Lei 9433/1997 e de todo um arcabouço de leis estaduais para estabelecimento do sistema nacional e estadual de gerenciamento dos recursos hídricos, no caso de Alagoas é a Lei 5.965 de 10 de novembro de 1997, e de Sergipe a Lei 3.870 de 25 de setembro de 1997, formando um marco legal a partir da Constituição de 1988, sistema ainda em construção, em virtude da dimensão territorial e das diversidades do país.

A vigência da Nova Constituição de 1988, não significou afirmar que o Código das Águas foi totalmente revogado, em absoluto, o que de fato aconteceu foi que diversos dispositivos do referido código foram atingidos pela norma constitucional, uma vez que toda norma em vigor no momento da promulgação de uma constituição que esteja em contraponto a nova Lei

[1] É importante esclarecer que uma constituinte representa a construção de uma nova ordem constitucional, rompendo com o passado e edificando novas regras.

Maior entende-se de pronto como revogada. Dessa forma no tocante ao domínio da água, os artigos específicos do Código de Águas (art. 8° e art. 29, II) foram revogados, passando a imperar quanto ao domínio a nova ordem constitucional. Agora, cabe o registro, que não obstante a nova ordem constitucional, o legislador ordinário editou o Novo Código Civil (art. 1290) contendo normas relativas a água em contraponto total aos dispositivos constitucionais, estando passível de controle de constitucionalidade pelo Supremo Tribunal Federal.

O importante foi que a nova sistemática gerencial adotada a partir do novo marco legal introduziu um modelo diferenciado, fundamentado na descentralização e participação, levando ao compartilhamento com a comunidade das decisões fundamentais para a bacia hidrográfica.

O ordenamento jurídico alterado pela Constituição de 1988 estabeleceu a gestão descentralizada e como ela é fundamental para a bacia hidrográfica, uma vez que a nova legislação adotou instâncias gerenciais próximas da comunidade que tomarão as medidas de condução dos interesses em conflito, como por exemplo o Comitê de Bacia Hidrográfica. Quis o legislador concretizar a descentralização gerencial, delegando a uma instância coletiva as decisões de interesse do conjunto de beneficiários da unidade hidrográfica.

O novo sistema federativo brasileiro, instalado a partir da nova ordem constitucional, concebeu a descentralização política, geográfica e institucional, com o fito de melhorar a eficiência, fato que já vinha sendo discutido desde a década de 1980, conforme afirmaram Abers e Jorge (2005), porém foi a nova ordem constitucional que trouxe a.implementação da descentralização, assim afirmam Abers e Jorge

> A caracterização da descentralização enquanto resultado de barganha entre forças políticas regionais/locais e centrais dentro das instituições partidárias não parece ser suficiente quando a descentralização envolve não somente a transferência de recursos, mas também a transferência de responsabilidades. Entender o proquê da descentralização requer compreender não somente porque o governo central cede poder, mas também porque o governo local aceita novas responsabilidades. (Abers e Jorge, 2005, 05)

A nova ordem implementou uma forma nova de gerenciamento das bacias hidrográficas, e nesse sistema descentralizado, o comitê de bacia hidrográfica adquiriu uma importância primordial, pois passou a ser a instância descentralizada responsável para estabelecer os parâmetros de gestão da bacia hidrográfica.

Só que a gestão não é meramente de regras, o Comitê de Bacia hidrográfica tem o dever legal de dirimir conflitos, estabelecer prioridades de usos, limites, regulamentar a captação e o lançamento, enfim, exercitar a gestão sob vários parâmetros, sempre focada na supremacia do interesse público sobre o particular. Nesse sentido o estudo de Abers e Keck explica

> Em suma, os comitês da bacia constituem componente central da reforma. Sua principal especificidade é a de ser uma organização institucional moldada por uma territorialidade "natural" – a bacia hidrográfica – ao invés de corresponder às tradicionais fronteiras político-administrativas dos municípios, Estados e União. De acordo com a lei das águas, os comitês devem ser amplamente representativos, incorporando os stakeholders mais importantes, ou seja, Estado, usuários e sociedade. Entre suas principais atribuições, podemos citar o estabelecimento de diretrizes e prioridades para a gestão da água, através dos planos de bacia; a deliberação sobre metodologia, critérios e preços de cobrança; e a criação das agências de bacia. ... (Abers e Kexk, 2004, 57).

Aqui, foram trabalhados parâmetros da bacia hidrográfica importantes para sua gestão, como também foram trabalhados o marco legal, as competências, os indicadores da região, ponto indicativo das condições de dignidade existentes na bacia hidrográfica.

Selecionando alguns indicadores foi possível traçar um perfil ambiental, econômico, institucional e de prestação de serviços do conjunto objeto do estudo, podendo estabelecer dessa forma como a bacia hidrográfica ficou posicionada em relação ao conjunto.

Foram trabalhados os diversos indicadores da bacia hidrográfica do rio São Francisco, relativo a região do baixo São Francisco, assim a partir desses indicadores, utilizando o modelo radar foi construído um índice de sustentabilidade da bacia hidrográfica, no tocante ao baixo São Francisco, documento que norteará o pacto das águas, fundamento principal da tese esposada nessas linhas.

Estabeleceu a Lei 9433/1997, *in verbis*:

> TÍTULO I
>
> DA POLÍTICA NACIONAL DE RECURSOS HÍDRICOS
>
> CAPÍTULO I
>
> DOS FUNDAMENTOS
>
> Art. 1º. A Política Nacional de Recursos Hídricos baseia-se nos seguintes fundamentos:
>
> I - a água é um bem de domínio público;
>
> II - a água é um recurso natural limitado, dotado de valor econômico;

> III - em situações de escassez, o uso prioritário dos recursos hídricos é o consumo humano e a dessedentação de animais;
>
> IV - a gestão dos recursos hídricos deve sempre proporcionar o uso múltiplo das águas;
>
> V - a bacia hidrográfica e a unidade territorial para implementação da Política Nacional de Recursos Hídricos e atuação do Sistema Nacional de Gerenciamento de Recursos Hídricos;
>
> VI - a gestão dos recursos hídricos deve ser descentralizada e contar com a participação do Poder Público, dos usuários e das comunidades.

Quando se faz a leitura da Lei 9.433/1997, uma constatação é iminente sua base foi fincada no sólido alicerce dos princípios da descentralização e participação, fundamentos basilares da sua concretização, nesse novo modelo gerencial da Administração Pública[2] brasileira, como informa D'Isep

> O advento da Constituição Federal de 1988 muda essa realidade, com a regulamentação da competência em matéria de águas, que reflete a ideia de gestão descentralizada, noção inerente ao Estado Federal. Foi, então, atribuído a União a reponsabilidade pela águas correntes em terrenos de seu domínio ou que banhem mais de um Estado (art. 20, III, CF) e aos Estados "(...) as águas superficiais ou subterrâneas, fluentes, emergente e em depósitos, ressalvados neste caso, na forma da lei, as decorrentes de obras da União." (ART. 26, I, CF). (D'Isep, 2010, 116).

O modelo foi idealizado da seguinte forma: órgão público gestor, órgão colegiado nacional responsável pela integração, construção e concretização de uma política nacional de recursos hídricos e o Comitê de Bacia hidrográfica, instância maior do sistema descentralizado.

Interessante observar as prerrogativas de cada órgão público, em primeiro ponto o Conselho Nacional de Recursos Hídricos, ao qual compete:

> Art. 35. Compete ao Conselho Nacional de Recursos Hídricos:
>
> I - promover a articulação do planejamento de recursos hídricos com os planejamentos nacional, regional, estaduais e dos setores usuários;
>
> II - arbitrar, em última instância administrativa, os conflitos existentes entre Conselhos Estaduais de Recursos Hídricos;
>
> Nota: A Resolução CNRH nº 93, de 05.11.2008, DOU 11.02.2009, estabelece procedimentos para o arbitramento previsto neste inciso.

---

[2] No Direito Administrativo Administração Pública é escrito com letra maiúscula para indicar que é um ente federativo e não a arte de gerenciar ou administrar a coisa pública.

III - deliberar sobre os projetos de aproveitamento de recursos hídricos cujas repercussões extrapolem o âmbito dos Estados em que serão implantados;

IV - deliberar sobre as questões que lhe tenham sido encaminhadas pelos Conselhos Estaduais de Recursos Hídricos ou pelos Comitês de Bacia Hidrográfica;

V - analisar propostas de alteração da legislação pertinente a recursos hídricos e à Política Nacional de Recursos Hídricos;

VI - estabelecer diretrizes complementares para implementação da Política Nacional de Recursos Hídricos, aplicação de seus instrumentos e atuação do Sistema Nacional de Gerenciamento de Recursos Hídricos;

VII aprovar propostas de instituição dos Comitês de Bacia Hidrográfica e estabelecer critérios gerais para a elaboração de seus regimentos;

VIII - (VETADO)

IX - acompanhar a execução e aprovar o Plano Nacional de Recursos Hídricos e determinar as providências necessárias ao cumprimento de suas metas; (NR) (Redação dada ao inciso pela Lei nº 9.984, de 17.07.2000, DOU 18.07.2000)

X - estabelecer critérios gerais para a outorga de direitos de uso de recursos hídricos e para a cobrança por seu uso.

XI - zelar pela implementação da Política Nacional de Segurança de Barragens (PNSB); (Inciso acrescentado pela Lei nº 12.334, de 20.09.2010, DOU 21.09.2010)

XII - estabelecer diretrizes para implementação da PNSB, aplicação de seus instrumentos e atuação do Sistema Nacional de Informações sobre Segurança de Barragens (SNISB); (Inciso acrescentado pela Lei nº 12.334, de 20.09.2010, DOU 21.09.2010)

XIII - apreciar o Relatório de Segurança de Barragens, fazendo, se necessário, recomendações para melhoria da segurança das obras, bem como encaminhá-lo ao Congresso Nacional. (NR) (Inciso acrescentado pela Lei nº 12.334, de 20.09.2010, DOU 21.09.2010)

O Conselho Nacional de Recursos Hídricos teve sua atuação delimitada no planejamento, deliberação, estabelecimento de padrões, dirimindo conflitos e complementando a legislação ambiental em branco, fazendo de fato a gestão federal das águas, com maioria de membros do poder público, mas também com boa participação comunitária.

Já o Comitê de Bacia Hidrográfica teve estabelecido um perfil completamente diferente, pois foi fundado na descentralização real e dessa forma a representação estabelecida foi de fato paritária, ou seja, o poder público não detém a maioria dos membros, assim na votação de qualquer matéria terá que discutir os temas de relevância da bacia hidrográfica diretamente com a comunidade, esse de fato foi o grande avanço na legislação ambiental brasileira, quando realçou a descentralização e a participação.

Antes de aprofundar, interessante observar a norma legal que diz o seguinte:

> CAPÍTULO III
>
> DOS COMITÊS DE BACIA HIDROGRÁFICA
>
> Art. 37. Os Comitês de Bacia Hidrográfica terão como área de atuação:
>
> I - a totalidade de uma bacia hidrográfica;
>
> II - sub-bacia hidrográfica de tributário do curso de água principal da bacia, ou de tributário desse tributário; ou
>
> III - grupo de bacias ou sub-bacias hidrográficas contíguas.
>
> Parágrafo único. A instituição de Comitês de Bacia Hidrográfica em rios de domínio da União será efetivada por ato do Presidente da República.
>
> Art. 38. Compete aos Comitês de Bacia Hidrográfica, no âmbito de sua área de atuação:
>
> I - promover o debate das questões relacionadas a recursos hídricos e articular a atuação das entidades intervenientes;
>
> II - arbitrar, em primeira instância administrativa, os conflitos relacionados aos recursos hídricos;
>
> III - aprovar o Plano de Recursos Hídricos da bacia;
>
> IV - acompanhar a execução do Plano de Recursos Hídricos da bacia e sugerir as providências necessárias ao cumprimento de suas metas;
>
> V - propor ao Conselho Nacional e aos Conselhos Estaduais de Recursos Hídricos as acumulações, derivações, captações e lançamentos de pouca expressão, para efeito de isenção da obrigatoriedade de outorga de direitos de uso de recursos hídricos, de acordo com os domínios destes;
>
> VI - estabelecer os mecanismos de cobrança pelo uso de recursos hídricos e sugerir os valores a serem cobrados;
>
> VII - (VETADO)
>
> VIII - (VETADO)

> IX - estabelecer critérios e promover o rateio de custo das obras de uso múltiplo, de interesse comum ou coletivo.
>
> Parágrafo único. Das decisões dos Comitês de Bacia Hidrográfica caberá recurso ao Conselho Nacional ou aos Conselhos Estaduais de Recursos Hídricos, de acordo com sua esfera de competência.

Ora, o perfil do Comitê de Bacia Hidrográfica foi de uma gestão fundada na vontade deliberativa da comunidade, usuária e que exercita suas atividades no seio da bacia hidrográfica, tendo dessa forma o conhecimento das necessidades e da realidade do referido ecossistema.

O legislador ao edificar esse sistema estabeleceu que os diversos atores, com diversos interesses se harmonizem para o interesse maior, que foi o equilíbrio ambiental da bacia hidrográfica, e isso pode ser alcançado mediante mecanismos gerenciais existentes na legislação específica no tocante às competências do Comitê de Bacia hidrográfica.

Na verdade o Comitê teve consignado o poder de decidi sobre o uso da água na bacia hidrográfica a partir dos dados estabelecidos e coletados, consagrando prioridades, situações específicas, necessidades, resolvendo conflitos, enfim, guiando o uso da água para o respeito ao princípio da igualdade e por conseguinte atendendo o interesse público.

No entanto, a complexidade de uma bacia hidrográfica foi um dado relevante para o estudo, mais ainda quando a bacia objeto de estudo foi a do São Francisco, que possui quatro subáreas, que são: alto São Francisco, Médio São Francisco, Submédio São Francisco e baixo São Francisco.

O Comitê da Bacia Hidrográfica do rio São Francisco seguiu o perfil legal estabelecido, tendo sido instituído no ano de 2001, por Decreto presidencial e vem exercendo suas atribuições, como informou o site do CBHSF

> Criado por decreto presidencial em 5 de junho de 2001, o comitê tem 62 membros titulares e expressa, na sua composição tripartite, os interesses dos principais atores envolvidos na gestão dos recursos hídricos da bacia. Em termos numéricos, os usuários somam 38,7% do total de membros, o poder público (federal, estadual e municipal) representa 32,2%, a sociedade civil detém 25,8% e as comunidades tradicionais 3,3%. (http://cbhsaofrancisco.org.br/o-cbhsf/o-que-e-um-comite-de-bacia)

A gestão descentralizada e participativa, como bem salientado anteriormente, uma característica de um Estado Federado, proporcionou a presença de vários atores no cenário da gestão, no presente caso, o Comitê de Bacia Hidrográfica, especificamente o do rio São Francisco obedeceu rigorosamente esse critério, uma vez que o Poder Público ficou em situação minoritária, quando se faz a soma dos representantes dos usuários e da sociedade civil.

Contudo, foi à vontade do legislador, órgão deliberativo e consultivo, porém com composição paritária para expressar na concretude a gestão descentralizada e participativa.

O trabalho versou sobre a formação de um índice de sustentabilidade, a partir da junção de indicadores de sustentabilidade, previamente selecionados, os quais foram submetidos ao processo de extração das escala e unidades, com a finalidade de chegar ao cálculo do índice de sustentabilidade.

De fato essa foi a propositura desejada, a construção de um índice que espelhou uma tendência na bacia hidrográfica, subsídio para o gestor público, no foco do presente estudo, o Comitê de Bacia Hidrográfica, órgão que exerce a gestão local, o qual diante desse novo instrumento, terá a possibilidade de regulamentar adequadamente o uso na bacia hidrográfica, atendendo dessa forma sua função social.

1. OS PRINCÍPIOS CONSTITUCIONAIS

O que vem a ser de fato a descentralização e a participação, porque a Administração Pública, de qualquer dos poderes, está obrigada a adotar esse padrão de gerenciamento, que tem se disseminado, se concretizando as vezes de forma geográfica, territorial, política e administrativa.

Primeiro, é fundamental esclarecer e clarear o que são os princípios, insertos no texto da Constituição de 1988, mas também em toda legislação infraconstitucional, obrigando aos gestores ao seu cumprimento.

O primeiro ponto que foi enfrentado, o que são os princípios de direito? Como entender a ordem jurídica e seus princípios, assim Reale (2002, 303) afirmou

> Restringindo-se ao aspecto lógico da questão, podemos dizer que os princípios são "verdades fundantes" de um sistema de conhecimento, como tais admitidas, por serem evidentes ou por terem sido comprovadas, mas também por motivos de ordem prática de caráter operacional, isto é, como pressupostos exigidos pelas necessidades da pesquisa e da práxis. (Reale, 2002, 303)

Então os princípios representam essas verdades iniciais de uma ciência, que norteiam sua práxis e possibilitam a interpretação e aplicação das normas de acordo com o interesse do coletivo.

O Direito Constitucional tem um arcabouço de princípios que estão inseridos no texto da Constituição de 1988 do Brasil, bem como o Direito Administrativo tem os princípios expressos e implícitos no texto da

Carta Magna de 1988, mas também no conjunto de todas as regras editadas pelas casas legislativas.

O Direito Ambiental está dentro do círculo do Direito Constitucional, ramificando-se do Direito Administrativo, formando estrutura própria, com seus princípios, mas também aplicando os demais princípios oriundos dos ramos supra citados.

A compreensão do Direito Ambiental não é fácil, como leciona Bessa

> A doutrina jurídica se baseia em classificação e subdivisão do Direito em "ramos", o que sem dúvida é reflexo do pensamento classificatório positivista. Como entender o componente ambiental do direito ambiental? O Direito ambiental é um direito da natureza? Essa é uma questão importante e que merece alguma reflexão preliminar. Certamente, a natureza é parte importante do meio ambiente, talvez a mais importante delas. Mas o meio ambiente não é só a natureza. Meio ambiente é natureza mais atividade antrópica, mais modificação produzida pelo Ser Humano sobre o meio físico de onde retira o seu sustento. Não se deve, contudo, imaginar que o Homem não é parte do mundo natural, ao contrário, ele é parte essencial, pois dotado de uma capacidade de intervenção e modificação da realidade externa que lhe outorga uma posição extremamente diferente da ostentada pelos demais animais. Um dos fundamentos da atual "crise ecológica" é, sem dúvida, a concepção que o humano é externo e alheio ao natural. Averbe-se que, no entanto, o conceito de natureza é vago, como bem registrado, por Michel Prieur ao afirmar que: S'il est um concept vague ces't bien cellui de nature (Se existe um conceito vago, é bem aquele de natureza). (Bessa, 2012, 7).

Bessa (2012) colocou bem a dificuldade em enquadrar o Direito Ambiental, devido ao seu círculo de alcance e diversidades, mas, de fato constatou-se que o universo envolvido é extremamente desafiador.

Porém o ordenamento jurídico é um sistema que engloba os diversos ramos, dentro dele está o ambiental, que traz sua carga própria, mas também absorve e aplica os outros instrumentos do sistema.

O Direito Ambiental, ramificado do Direito Constitucional e Administrativo, está vinculado ao dever de respeitar todas as regras constitucionais e infraconstitucionais, começando pela regra estabelecida no capítulo da Administração Publica da Constituição de 1988, in verbis:

> CAPÍTULO VII
>
> DA ADMINISTRAÇÃO PÚBLICA
>
> SEÇÃO I

> DISPOSIÇÕES GERAIS
>
> Art. 37. A administração pública direta e indireta de qualquer dos Poderes da União, dos Estados, do Distrito Federal e dos Municípios obedecerá aos princípios de legalidade, impessoalidade, moralidade, publicidade e eficiência e, também, ao seguinte: (Redação dada ao caput pela Emenda Constitucional nº 19, de 04.06.1998, DOU 05.06.1998)

O primeiro aspecto extraído do referido artigo foi que os princípios são de cumprimento obrigatório, ou seja, não foi concedida uma opção ao gestor público, de modo algum, o gestor ficou obrigado a se portar dentro dos parâmetros principiológicos. As verdades fundantes de Reale (2002) ou as proposições básicas de Di Pietro (2012) devem ser seguidas por todos que exerçam cargos públicos.

Dessa forma, existem princípios constitucionais e infraconstitucionais que obrigam o gestor público ambiental a sua obediência, sob pena de controle judicial, esse é um ponto pacificado na doutrina brasileira.

No tocante a gestão hídrica vários foram os princípios estabelecidos de aplicação obrigatória, na presente pesquisa foram referidos aqueles que dizem respeito direto a construção do Pacto das Águas, ou seja, que servem de fundamento para a edificação do documento legal por parte do Comitê de Bacia Hidrográfica do rio São Francisco.

O fundamento para a construção do Pacto das Águas foi erguido a partir das competências decorrentes da legislação, mas também na base principiológica, de cumprimento obrigatório, que estabeleceram os parâmetros para a gestão hídrica.

E nesse conjunto alguns princípios foram componentes fundamentais para edificação do Pacto das Águas, dentre eles: legalidade, participação, descentralização, proporcionalidade, razoabilidade, supremacia do interesse público sobre o particular, autoexecutoriedade e eficiência.

Cada princípio teve uma análise voltada para identificar sua ligação com o poder decisório do Comitê de Bacia Hidrográfica, como também restou estabelecido o raio de atuação de cada um dentro do contexto de tomada de decisão.

Dentro desse cenário foi interessante destacar e começar a apreciação pelo princípio da legalidade, quando Di Pietro afirma:

> Esse princípio, juntamente com o princípio do controle da Administração pelo Poder Judiciário, nasceu com o Estado de Direito e constitui uma das principais garantias de respeito aos direito individuais. Isto porque a lei, ao mesmo tempo em que os define, estabelece também os limites da

> atuação administrativa que tenha por objeto a restrição de exercício de tais direitos em benefício da coletividade. (Di Pietro, 2011, 64)

De fato o princípio da legalidade constituiu um balizamento para o gestor público e uma garantia para o cidadão, posto que estabeleceu um círculo de atuação para o gestor público que foi a legalidade, do qual o afastamento foi sancionado severamente pela legislação, tanto com a nulidade do ato, como o reconhecimento pela Lei 8429/92 da ocorrência de ato de improbidade administrativa.

Fazendo o recorte para o exercício das competências ambientais, foi o gestor o compelido a agir apenas dentro do círculo legal, sob pena de sofrer controle por parte do Poder Judiciário.

Toda gestão ambiental fundou-se nos limites da legalidade, como determinou o art. 37 da Constituição Federal de 1988. Contudo, outros princípios podem ser aplicáveis, como o da descentralização e da participação.

O principio da participação, consagrado na doutrina pátria, normatizou um grau de intervenção do cidadão na condução da Administração Pública, interferindo no processo decisório na forma estabelecida na legislação, com a finalidade de assegurar a efetividade do regime democrático.

Argumenta Moreira Neto

> O princípio da participação está intimamente referido à expansão da consciência social e ao natural anseio das pessoas de influir de algum modo nas decisões de poder que repercutirão sobre seus respectivos, e é nessa linha que se estão produzindo as transformações dos modelos simples de democracia representativas em modelos politicamente mais complexos de democracias participativas, possibilitando aos indivíduos, no gozo da cidadania, na tersa lição de Jean Rivero, não apenas escolher quem os governará, mas como querem ser governados. (Moreira Neto, 2001, 79).

O princípio da participação, bem presente no Sistema Nacional de Gerenciamento Hídrico, em diversos pontos da gestão e no poder dos órgãos colegiados, mas com um destaque específico para o Comitê de Bacia Hidrográfica.

Quando a legislação de recursos hídricos estabeleceu que o Poder Público estaria numa posição de paridade na composição do Comitê de Bacia Hidrográfica, em relação ao conjunto da sociedade, registrou de forma plena e clara o acolhimento integral do principio da participação, pois a comunidade, nas eventuais votações e embates, teve consagrada legalmente a garantia legal da representação paritária.

Nesse caso do Comitê de Bacia Hidrográfica, a garantia da paridade, significou uma influência direta na gestão, um dos exemplos mais enfáticos, que tem se mostrado eficaz e correto, pois o conjunto de beneficiários e usuários participou da escolha de decisões, fomentando a responsabilidade de todos na gestão do bem natural água.

Aliado a participação, que funcionou como a inserção do cidadão no processo de tomada de decisão, veio a descentralização, outro princípio aplicável ao Direito Ambiental, mais especificamente no tocante a gestão de recursos hídricos.

Moreira Neto diz

> O princípio da descentralização, que informa todo o Direito Público, age como resposta a tendência inversa a hipertrofia estatal e a monopolização do poder, informando desde a instituição de certos instrumentos de transcendente importância juspolítica, como a separação orgânica de Poderes do Estado, que Oto Mayer, já definia como um princípio autônomo, "o princípio da separação dos Poderes", até a simples desconcentração de um serviço burocrático, na mais modesta repartição pública local. (Moreira Neto, 2001,91).

O Estado, através do moderno sistema constitucional, efetivou a tripartição dos Poderes, com o fito de possibilitar o exercício de forma descentralizada e harmônica, evitando dessa forma uma concentração em um único centro de poder, que historicamente se mostrou nocivo, especificamente no período do absolutismo, marcado pela frase de Luiz XIV, o Estado sou eu, confome Bellorfa

> Exemplo dessa senhoria sobre o Estado temos com Luiz XIV que dizia ser a personificação do Estado - L' Etat c'est moi – e com Luiz XV que declarou que: nós não temos a nossa coroa senão de Deus e o direito de fazer as leis nos pertence sem a co-participação ou dependência. (Berloffa, 2004, 114).

Os princípios da participação e descentralização foram fundamentais na edificação da gestão hídrica, a descentralização significou a transferência do poder decisório da esfera central para esfera periférica, ou seja, para aqueles que estavam diretamente ligados às necessidades da bacia hidrográfica.

A participação importou no grau de engajamento do cidadão no órgão que recebeu a delegação, representou a composição com representantes da sociedade civil para o exercício do poder decisório.

Um bom exemplo foi a própria bacia hidrográfica do São Francisco, que tem uma extensão superior a dois mil quilômetros, ultrapassando cinco Estados da federação e ainda recebendo contribuição de mais dois Estados.

A diversidade de usos, em ambientes distintos social e economicamente, levaram a necessidade de uma disciplina fundada nas regras existentes, respeitando-se a proporcionalidade para cada região.

Moreira Neto:

> O princípio da proporcionalidade, uma vez admitido como princípio substantivo autônomo, como é tido na doutrina Alemã do Direito Público, prescreve, especificamente, o justo equilíbrio entre os sacrifícios e os benefícios resultantes da ação do Estado. (Moreira Neto, 2001, 98)

A proporcionalidade na representatividade no Comitê de bacia hidrográfica, dessa forma, os Estados tiveram sua representação proporcional a contribuição na unidade hidrográfica, bem como os demais atores, fato que possibilitou que as decisões quanto aos usos tiveram obedecer um justo equilíbrio dentro do contexto diverso da unidade hidrográfica.

No exercício do Poder delegado do Estado – Administração Pública, o Comitê de Bacia Hidrográfica do rio São Francisco – CBHSF, estabeleceu o plano decenal de toda a bacia hidrográfica, vigorando entre os anos de 2004 a 2014, no qual, dentre outras deliberações foram inseridos à disponibilidade hídrica da bacia hidrográfica e a proporcionalidade de uso por Estado.

Outro exemplo claro dessa descentralização foi o estabelecimento pelo CBHSF da impossibilidade de efetivar a transposição das águas do rio São Francisco para o Nordeste setentrional, salvo comprovada necessidade de dessendentação animal e consumo humano.[3]

O Comitê de Bacia foi no Direito Administrativo Brasileiro o caso mais representativo de descentralização e participação na sua plenitude, no entanto, todas essas estruturas tiveram sua montagem inicial porém continuam em edificação, começando o exercício das suas atribuições aos poucos, sendo tímido ainda o desabrochar dessas competências legais.

Reza a Lei 9.433/1997:

> Art. 38. Compete aos Comitês de Bacia Hidrográfica, no âmbito de sua área de atuação:
>
> ...
>
> III - aprovar o Plano de Recursos Hídricos da bacia;
>
> IV - acompanhar a execução do Plano de Recursos Hídricos da bacia e sugerir as providências necessárias ao cumprimento de suas metas;
>
> ...

---

[3] As obras de transposição das águas do rio São Francisco estão em andamento por conta de um recurso junto ao Conselho Nacional de Recursos Hídricos, bem como a revogação de três liminares do Supremo Tribunal Federal que proibiam a realização da obra.

Posto isto, o Comitê de Bacia teve consagrado na lei o dever de estabelecer o que será feito em toda unidade territorial da bacia, mais do que isso, deve acompanhar o Plano de Bacia e tomar as providências para sua execução plena.

Como será utilizada a água na unidade hidrográfica, quais as prioridades, o que não deve ser feito, os riscos inerentes a determinados usos, enfim, tudo que diz respeito a intervenção na bacia hidrográfica deverá estar delimitado no Plano de Bacia Hidrográfica, documento norteador do exercício do poder de policia delegado pela legislação federal e estadual.

Mais ainda, os recursos arrecadados na bacia hidrográfica do rio São Francisco devem ser distribuídos em respeito ao princípio da proporcionalidade, de acordo com as necessidades e o arrecadado em cada sub-região, atendendo também o investimento numa determinada região que necessitou de um aporte maior em razão da carência coletiva.

Por exemplo, um caso ocorrido recentemente quando o Operador Nacional do Sistema – ONS, gestor das barragens no tocante a geração de energia elétrica, solicitou a Agência Nacional de Águas a redução da vazão na Bacia do rio São Francisco, pedindo limitando a 1.100 m^3/s, fato concretizado com a Resolução ANA 442 de 08 de abril de 2013. A Constituição de 1988 foi violada, a Lei 9.433/1997 e os princípios constitucionais foram desrespeitados, uma vez que a competência é de fato do Comitê de Bacia Hidrográfica, esse Órgão Público, que recebeu a delegação legal para fazer essa gestão, de forma descentralizada e participativa, por isso, o Comitê e não a ANA, por conta que todos os usuários da bacia hidrográfica do rio São Francisco e que estão a jusante das barragens objeto da limitação administrativa, estão sofrendo com a restrição da vazão, eis razão da descentralização, participação e proporcionalidade.

Bem claro a violação do princípio da proporcioanalidade, pois os que estão a montante da barragem de Sobradinho não sofreram nenhuma limitação, contudo os que estão a jusante da barragem de Sobradinho estão até hoje sofrendo as consequências da grave redução da vazão.

É importante frisar que os princípios, foram guindados a condição de cumprimento obrigatório, desde que a Constituição de 1988 entrou em vigor, assim, o art. 37, *caput*, sedimentou esse entendimento sem deixar dúvida alguma.

Outro princípio constitucional aplicável foi o da razoabilidade que sinalizou para uma condução fundada no bom senso, cautela, no exercício das competências públicas, para o Comitê de Bacia Hidrográfica, medidas centradas na diversidade, respeitando cada região e suas especificidades, dentro de um conjunto a ser gerenciado.

Além da razoabilidade cabe também a supremacia do interesse público sobre o privado, princípio de matiz constitucional, no qual quando ocorrer o conflito entre o interesse de um ou alguns, prevalece o interesse do conjunto da sociedade, o falado interesse público.

Dessa forma, se um particular quer derivar uma água para uso próprio e essa derivação pode afetar todo o conjunto da bacia hidrográfica, o interesse público tem prevalência e a atividade não deve ser permitida.

Aliado a supremacia do interesse público sobre o particular, veio o princípio da autoexecutoriedade, ou seja, implica que as decisões do Comitê de Bacia Hidrográfica são autoaplicáveis, independente da participação de outros poderes, por exemplo, uma resolução do Comitê de Bacia Hidrográfica, a partir da sua publicação já produz seus efeitos e pode ser exigido o seu cumprimento.

Na presente pesquisa esse princípio ganhou relevo, pois significou que o Pacto das Águas efetivado pelo Comitê de Bacia Hidrográfica do rio São Francisco, uma vez publicado, já é exigível e pode ser implementado pela Agência de Bacia Hidrográfica, no caso específico a Peixe Vivo.

Por fim, um princípio expresso na Constituição de 1988, inserido com a Emenda Constitucional N° 19 de dezembro de 1998, foi o da eficiência, que estabeleceu um padrão de gestão para a Administração Pública fundado no atingimento dos melhores resultados com o menor custo para o erário.

Sob o tema lecionou Carvalho

> Quando o texto constitucional estabelece a eficiência como um princípio expresso vinculante de toda a Administração, a sua concretização se impõe na realidade administrativa em que incide o regime jurídico de direito público. Trata-se de mais um exigência a ser considerada quando a Administração age para a concretização do bem comum. Assim, ao escolher os meios através dos quais o Estado buscará satisfazer as necessidades coletivas, é imperioso considerar ser obrigatória a eficiência em atingir os objetivos públicos. (Carvalho, 2008, 182).

O Comitê de Bacia Hidrográfica do rio São Francisco recebeu do ordenamento jurídico brasileiro a delegação do dever de agir com eficiência, para que suas deliberações consigam implementar as políticas públicas, ocorra a gestão hídrica de forma a proporcionar ao conjunto da sociedade a satisfação das suas necessidades, gerando dessa forma o bem estar coletivo.

As funções do Comitê de Bacia Hidrográfica foram preservadas e reconhecidas em razão de que os princípios da legalidade, descentralização, participação, proporcionalidade, razoabilidade, autoexecutoriedade, supremacia do interesse público sobre o particular e eficiência foram categorizados como de cumprimento obrigatório, inexiste possibilidade de não observação, em hipótese alguma, assim, as competências do Comitê de Bacia decorreram da fundamentação constitucional.

2. INDICADORES

Os indicadores, especificamente os relacionados à sustentabilidade, não são uma unanimidade quanto a sua significação, sabendo-se que de fato a palavra advém do latim, *indicare*, significando dentre outros aspectos, indicar, descobrir e anunciar.

O indicador é de fato um parâmetro, que retrata uma situação existente numa determinada localidade e advém de uma metodologia estabelecida previamente para obtenção dos dados necessários.

Os indicadores são diversos e de fato não representam a verdade absoluta e imutável, demonstram uma tendência, trazem informações, podem servir de alerta para cenários futuros, contudo é inexorável os indicadores agregam informações que podem subsidiar decisões em matéria de políticas públicas.

Van Bellen (2010, 43):

> A partir de um certo nível de agregação ou percepção, indicadores podem ser definidos como variáveis individuais ou uma variável que é função de outras variáveis. A função pode ser simples como: uma relação, que mede a variação da variável em relação a uma base específica; um índice, um número simples que é uma função simples de duas ou mais variáveis; ou complexa, como o resultado de um grande modelo de simulação. Van Bellen (2010, 43)

Assim, os diversos indicadores aqui elencados deram a contribuição para a formação de um índice de sustentabilidade, ferramenta fundamental para o Comitê de Bacia hidrográfica exercer suas competências legais.

Ocorreu a coleta de um conjunto de indicadores para formação do índice de sustentabilidade, distribuídos em institucionais, sociais, econômicos e ambientais, os quais fizeram a composição do índice de sustentabilidade.

Como frisado anteriormente esses indicadores sinalizaram uma tendência, não significou uma verdade absoluta, mas conseguiram retratar de fato uma situação existente numa determinada localidade, possibilitando aos gestores públicos uma melhor tômada de decisão.

Por exemplo, um indicador de casas servidas com abastecimento público de águas, no qual ficou caracterizado que 40% das casas dentro de uma região da bacia hidrográfica não tem o serviço público de fornecimento de água tratada, esse fato foi um indicativo que deve ser adotada uma política pública voltada ao atingimento dessa comunidade não abrangida com o serviço público de fornecimento de água.

Os indicadores trabalhados, como especificado no capítulo da metodologia foram o institucional, ambiental, econômico e os sociais, esse último dividido nos indicadores de saúde e educação.

Com o conjunto de indicadores foi construído o índice de sustentabilidade na forma estabelecida por (Daniel et al, 2001), o qual simplificou a regra de Callorio (1997). O índice que foi construído visou possibilitar uma abordagem científica sobre uma comunidade que tem uma gestão hídrica descentralizada.

O fundamento da construção desse índice foi possibilitar ao Comitê de Bacia Hidrográfica do rio São Francisco exercer suas competências na plenitude, tendo a possibilidade de efetivar o Pacto das Águas de posse do referido índice.

De fato é fundamental que fique claro o papel do Comitê de Bacia Hidrográfica e suas competências sejam explicitadas, demonstrando de fato a descentralização e a participação como mecanismos constitucionais para a gestão pública, numa opção pública do Legislador Constituinte de 1988.

Uma coisa deve ficar bem esclarecida, esse modelo de gerenciamento hídrico adotado pelo legislador ordinário brasileiro, com fundamento na Constituição de 1988, foi de fato novo, fugindo o padrão tradicional e conservador da Administração Pública Brasileira, que seguia um perfil centralizador.

Esse novo modelo foi fruto da redemocratização do país, seguindo um modelo mais recente em que a descentralização e participação foram instrumentos permanentes para a gestão pública.

Sem uma comprovação científica precisa, mas muitos autores afirmaram que a legislação hídrica brasileira teve inspiração na legislação descentralizada francesa, lembrando apenas que o Estado Francês é unitário, comportando estrutura constitucional diversa da brasileira.

Agora, também é interessante observar a Lei 8.080/1990, in verbis:

> Dos Princípios e Diretrizes
>
> Art. 7º. As ações e serviços públicos de saúde e os serviços privados contratados ou conveniados que integram o Sistema Único de Saúde

> (SUS), são desenvolvidos de acordo com as diretrizes previstas no artigo 198 da Constituição Federal, obedecendo ainda aos seguintes princípios:
>
> ...
>
> VIII - participação da comunidade;
>
> IX - descentralização político-administrativa, com direção única em cada esfera de governo:
>
> a) ênfase na descentralização dos serviços para os municípios;
>
> b) regionalização e hierarquização da rede de serviços de saúde;
>
> ...

A legislação do Sistema Único de Saúde, anterior a legislação do Sistema de Gerenciamento Hídrico já comportava a descentralização e participação como princípios de cumprimento obrigatório.

Esse dado foi importante para que não se argumente que esse padrão foi alienígena, tratando-se de uma novidade nunca vista, pelo contrário, no sistema de saúde esses mecanismos já vinham sendo aplicados, denotando que o legislador constituinte de fato alterou o padrão de gerenciamento no Brasil.

O que ficou claro foi o fato de que a partir da nova ordem constitucional, um novo modelo gerencial foi estabelecido, fundado na participação e descentralização, o qual não admite mais a centralização da decisão, obstruindo centros de decisões ou mesmo suprimindo instâncias.

A nova ordem constitucional foi assentada na democratização, que passou por descentralização e participação no processo decisório, abolindo-se os mecanismos exercidos anteriormente, encharcados de centralização e concentração.[4]

---

[4] Centralização é o deslocamento para o poder central de competências exercidas por pessoa jurídicas diversas. Já a concentração é o deslocamento de competências dentro da mesma pessoa jurídica para o poder central.

CAPÍTULO 5

O PACTO DAS ÁGUAS, O ÍNDICE DE SUSTENTABILIDADE E O DESENVOLVIMENTO SUSTENTÁVEL

O Poder Público tornou-se responsável pela proteção e gestão das águas superficiais e subterrâneas, por meio de um novo sistema de gerenciamento hídrico. Um novo paradigma a ser enfrentado pelo Poder Público, com o fito de assegurar oferta de água, em qualidade e quantidade, ao conjunto da sociedade. Campos expressa essas mudanças em relação as preocupações

> com problemas ligados ao uso e manejo das águas levaram a debates e inovações nas últimas décadas. Expressões como gerenciamento de recursos hídricos, gestão de águas e uso racional das águas passaram a fazer parte do dia-a-dia das pessoas e dos meios de comunicação. Todavia, a maneira de abordá-las, de entende-las e, principalmente, de praticá-las varia de pessoa para pessoa e, mesmo, de técnico para técnico. Apesar das diferenças de entendimento, há algo novo nascendo na sociedade: a aceitação de que devemos mudar a maneira de tratar nossos recursos hídricos, conservando-se para nosso futuro e para as futuras gerações (Campos, 2003, p. 19).

Ora, todo o uso da água deve estar vinculado ao interesse público, pois a água encontra-se no domínio público, da União e dos Estados Federados, dessa forma, deve ocorrer a devida adequação de toda e qualquer ação interventiva numa bacia. Assim, qualquer intervenção hídrica, que importe numa retirada ou lançamento deve ser submetido ao controle da Administração Pública, uma vez que que pode alterar as características naturais da bacia e desequilibrar o sistema hídrico, pois a depender da bacia afetada pode atingir os projetos a jusante, a montante e diminuir a geração de energia elétrica. Aguiar Netto et all. afirma que

> Este instrumento legal, instituído 62 anos após uma primeira tentativa de disciplinamento dos recursos hídricos no Brasil – o Código de Águas – apresenta fundamentos que trazem um novo olhar para esse recurso natural

> e reproduzem conceitos convergentes derivados de inúmeros conferências internacionais que ocorreram especialmente a partir da década de setenta do século XX (Aguiar Netto, et all., 2010, p.).

Como disciplinar o uso da água? Todos têm direito de uso, a água é publica, o que fazer? Como o Estado deve se posicionar, qual a medida legal a ser adotada, o que deve ser feito para adequar o uso ao interesse público, já que o interesse público é superior ao interesse privado, como princípio constitucional.

Diante de um novo paradigma, água no domínio público da União e dos Estados Federados, excluindo-se os Municípios e os particulares, afirme-se, paradigma constitucional, que significa a mutação de todo o sistema anterior, a partir do Código de Águas que falava em propriedade particular da água e dos Municípios.

A Constituição de 1988 concentrou o domínio público da água e estabeleceu que a União e os Estados Federados criariam os seus sistemas de gerenciamento hídrico. O Sistema de Gerenciamento Hídrico da União, foi criado pela Lei 9.433/97, um mecanismo democrático, descentralizado e participativo de gestão hídrica, com diversos instrumentos importantes, tais como: planos de bacia, cobrança da água, classificação das bacias, gestão integrada e os comitês de bacia hidrográfica.

Os Comitês de Bacia Hidrográfica, com formação paritária, representantes do poder público e representantes da sociedade civil, representaram a descentralização na gestão, a participação e a democratização, porque de forma aberta e transparente os temas passaram a ser debatidos e as decisões começaram a ser tomadas de forma conjunta e coletiva. Assim, afirma Mascarenhas

> O então criado Comitê da Bacia Hidrográfica do Rio São Francisco passou a constituir uma nova instância na realidade institucional brasileira, que possibilita, na pratica a participação da sociedade da bacia no gerenciamento dos recursos hídricos, em conjunto com representantes do poder público em suas três esferas de atuação e dos usuários da água (Mascarenhas, 2009, p. 44).

É interessante frisar que o interesse público está como princípio preponderante, pois o fim é assegurar o desenvolvimento sustentável da coletividade, um uso dentro de critérios públicos, justos, equânimes, assegurando disponibilidade, qualidade e quantidade, estando o Comitê de Bacia como fiador dessa participação e garantidor da igualdade do uso, como gestor da bacia hidrográfica e órgão descentralizado do sistema de gestão hídrica no Brasil.

De todos os instrumentos, de fato, o que mais chamou atenção no novo paradigma gerencial foram os Comitês de Bacia Hidrográfica, pela descentralização, participação e competências institucionais.

A competência dos Comitês de bacia está elencada no art. 9° da lei 9.433/97, representando o grande órgão de gestão das águas, pois lida com todo interesse direto no uso das águas de uma bacia hidrográfica. Assim, o Comitê de Bacia, órgão colegiado criado por meio da Lei 9433/97, na esfera da União e da Lei 3870/97, na esfera estadual, tem a função de efetivar a gestão da bacia hidrográfica dentro de parâmetros da participação e descentralização.

Dessa forma é o Comitê o Órgão que vai estabelecer todo padrão de uso da água, mediante decisões colegiadas, levando em conta que participam dessa estrutura decisória e de gestão, o Poder Público e o conjunto da sociedade civil. O legislador, diante dos conflitos de uso, pois são diversos os interessados para o uso da água, observou a dificuldade para o gestor de estabelecer uma preferência ou uma prioridade, enfim, como distribuir a água num universo tão distinto. Os usuários são irrigantes, empresas rurais, consumo humano, agricultura familiar, atividades industriais, todo um conjunto de interesses, de diversas ordens, que necessitam de água, bem como o próprio Poder Público que tem seus parâmetros de planejamento e intervenções, dessa forma os Comitês se constituem nessa instância coletiva que possibilitou a gestão democrática e fundada no interesse público.

É de fato o colegiado das águas o órgão que enfrentará as decisões inerentes a bacia hidrográfica, estabelecendo o debate dos temas de interesse da unidade hidrográfica, dirimindo conflitos, decidindo sobre o plano de bacia, elegendo prioridades de uso e propondo o reconhecimento de captações de pequeno porte.

Por isso alguns pesquisadores e políticos começaram a estabelecer uma derivação imprópria, chamando os Comitês de Bacia, como o parlamento das águas, tal o grau de poder decisório inserido para os comitês de bacia hidrográfica.

Então, nesses inúmeros interesses envolvidos, como resolver esses conflitos e distribuir igualitariamente o uso da água, apenas um plano de bacia não será suficiente, pois a depender dos interesses em conflito será preciso uma força cogente que assegure a supremacia dos princípios constitucionais e o uso igualitário da água.

O plano é insuficiente, pois ele apenas estabelece condutas possíveis para adoção num determinado espaço de tempo, é preciso mais, se faz necessário um pacto, com compromissos firmados e referendados por todos, dentro de princípios constitucionais, princípios legais e dentro dos parâmetros estabelecidos pelo plano de bacia, ou seja, um documento que dentro do princípio da autoexecutoriedade[1], garanta sua implementação.

A intervenção numa bacia, seja qual for, atinge o conjunto, pois se ocorre a retirada de um percentual de água, afeta o conjunto, é preciso invocar o princípio da ponderação[2], no qual devem ser ponderados os usos e estabelecidos critérios igualitários e justos para o uso, e isso pode ser celebrado a partir de uma pacto das águas.

A bacia hidrográfica é um sistema complexo, com muitos usuários e beneficiários, mas também com muitos conflitos, dessa forma o Órgão que teve sua competência delineada constitucionalmente e legalmente tem a competência de edificar um documento de cumprimento obrigatório, que assegure a igualdade, proporcionalidade e legalidade[3] no uso das águas.

Um exemplo bem concreto desse fato, o Governo Federal é o empreendedor da integração da bacia do rio São Francisco com as bacias do Nordeste Setentrional, o que significa a retirada permanente de água da bacia hidrográfica doadora para a bacia hidrográfica receptora numa vazão permanente e previamente estabelecida.

No caso da bacia do São Francisco que tem 70% das suas águas vindas das bacias estaduais do Estado de Minas Gerais e o restante dos demais Estados que integram a bacia hidrográfica, só para exemplificar, não houve qualquer acordo ou decisão sobre o uso da água oriunda das bacias hidrográficas do Estado de Minas Gerais, que serão afetadas com a retirada constante de água, podendo comprometer decisivamente vários projetos em andamento naquele Estado.

Ora, se o Estado de Minas Gerais resolver utilizar quase a totalidade dessa água, oriundas das suas bacias, que legalmente lhe compete, todo o projeto de transposição estará comprometido e de fato se instalará um conflito de ordem federativa, que com certeza terá sua resolução no Supremo Tribunal Federal.

---

1 O princípio da autoexecutoriedade é um princípio constitucional implícito, pelo qual a Administração Pública pode executar seus atos administrativos, independente da chancela dos demais poderes.

2 O princípio constitucional da ponderação significa que sempre o Administrador Público estará convergindo princípios, ou seja, fazendo a mediação entre dois princípios constitucionais.

3 Os princípios constitucionais da legalidade, igualdade e proporcionalidade, o primeiro a Administração Pública só pode atuar dentro do campo da norma legal, como âmbito de controle do cidadão, a igualdade, significa que a Administração Pública atuará identificando as desigualdades e buscando nivelar as diversidades dentro de um patamar de desigualar para igualar e por último a proporcionalidade que significa a atuação administrativa dentro da medida necessária para satisfazer o interesse público.

Mas não só isso, a retirada dessa quantidade de água compromete a vazão do rio São Francisco na foz, alterando por demais as características do rio e comprometendo as atividades existentes na região, inclusive sua integridade, e bem assim poderá acontecer com os demais Estados. Nesses dois exemplos os pontos extremos são citados, o da nascente e o da foz, com o intuito de estabelecer essa dialética de que a integridade da bacia exige um patamar de gerenciamento sistêmico, sob pena do comprometimento do conjunto.

Não foi sem razão que a Lei 9433/97, no seu art. 1°, estabeleceu como um dos princípios fundamentais do gerenciamento hídrico, a bacia hidrográfica como uma unidade territorial, justamente por compreender o legislador que de fato trata-se de um sistema que deve ser gerido de forma integrada.

Por exemplo, a redução da vazão, por uma necessidade sistêmica, a partir da represa de Xingó, compromete as lagoas marginais, diminuindo os estoques pesqueiros, afetando a produção de arroz, comprometendo as atividades turísticas e inclusive comprometendo o abastecimento humano, Fontes registra que

> A construção da Usina hidroelétrica de Xingó representa um marco definitivo em relação ao controle do homem sobre o comportamento do segmento do sistema fluvial situado a jusante desta barragem. Não é exagero afirmar que o fechamento da barragem para fins de enchimento do reservatório de Xingó (nessa ocasião, durante algumas poucas horas, o fluxo do rio interrompido, enquanto espectadores emocionados observavam o rio secar no trecho imediatamente a jusante de Xingó) selou de forma bastante simbólica as condições ainda remanescentes de canal natural para o baixo curso do rio São Francisco (Fontes, 2010, p. 43).

O uso equivocado da água ou mesmo a utilização por um setor em demasia, prejudica o conjunto, como também o uso em políticas públicas não vinculativas com todos os setores, pode trazer consequências socioambientais graves, comprometendo todo o ecossistema.

Essa foi a característica marcante do novo paradigma de gerenciamento hídrico da água no Brasil, o gerenciamento sistêmico, uma legislação fundada em princípios sistêmicos e não setoriais, no qual a decisão recai sobre órgãos colegiados, representativos do conjunto da sociedade.

Um observador, com caráter científico ou não, constatará que no baixo São Francisco já existe indícios de uma situação crítica do rio a jusante de Xingó, pois de fato ocorreu uma extrema alteração na sua dinâmica, afetando diversos setores produtivos, retratado por Fontes como sendo

> Um ponto importante a ser ressaltado é a extrema dependência do baixo curso do rio São Francisco e de suas áreas inundáveis em relação ao suprimento de água provenientes das porções da bacia situadas rio acima. Mais de 95% do total de suas águas provem das sub-bacias do alto São Francisco (que sozinha contribui com 80%), complementada pela contribuição das sub-bacias o médio e submédio. A participação das sub-bacias afluentes do baixo São Francisco, na sua maioria formada por rios intermitentes, normalmente não alcança 5%, valor este que era ainda proporcionalmente muito menor antes de 1993, quando nos períodos de enchentes do rio São Francisco, as vazões chegavam a atingir entre 4.000 e 12.000 m^3/s (Fontes, 2010, p. 35).

Observe-se que no desencadear histórico de ocupação da bacia do rio São Francisco, essas políticas públicas foram implementadas, com decisões governamentais, centralizadas na sua maioria, porém não submetidas a uma avaliação sistêmica da integridade da bacia, decisões pontuais de acordo com necessidades pontualmente colocadas por cada setor.

O grande ponto de mudança ocorreu a partir da Constituição de 1988, quando ficou delimitado que o ambiente ecologicamente equilibrado é um direito fundamental de todos, como afirma Pessoa (2010), sendo o Poder Público o garantidor, fiscalizador e executor dos serviços públicos essências para concretizar essa garantia constitucional, Machado descreve que

> O domínio público as águas, afirmado na Lei 9433/1997, não transforma o Poder Público Federal e Estadual em proprietário da água, mas o torna gestor desse bem, no interesse de todos. "O ente público não é proprietário, senão no sentido puramente formal (tem o poder de autotutela do bem), na substância é um simples gestor do bem de uso coletivo". (Machado, 2002, p. 25).

Desse modo, o Poder Público recebeu a delegação constitucional para efetivar a gestão da água de forma a assegurar o abastecimento do conjunto e o equilíbrio ambiental, conforme enfatiza Machado que

> Salientemos as consequências a conceituação da água como "bem de uso comum do povo": o uso da água não pode ser apropriado por uma só pessoa, física ou jurídica, com exclusão absoluta dos outros usuários em potencial; o uso da água não pode significar a poluição ou agressão desse bem; o uso da água não pode esgotar o próprio bem utilizado; e a concessão ou autorização (ou qualquer tipo de outorga) do uso da água deve ser motivada ou fundamentada pelo gestor (Machado, 2002, p. 25).

O autor fez a interpretação constitucional das normas relativas a água, depois da Constituição de 1988, água para todos, a partir de uma gestão publica eficiente que assegure o acesso indistinto. No mesmo sentido Granziera afirma que

> o domínio da União ou dos Estados, sobre os recursos hídricos, não se refere a propriedade de um bem imóvel, objeto de registro próprio, mas decorre do próprio Texto Constitucional, significando a responsabilidade pela guarda e administração dos mesmos e pela edição das regras a ele aplicáveis. (Granziera, 2001, p. 76).

De fato o Poder Publico recebeu o dever de zelar pela proteção dos recursos hídricos, efetivando sua gestão e assegurando a todos os benefícios oriundos do abastecimento hídrico, uma vez que o sistema legal assegura como principio basilar o uso múltiplo das águas como afirma Machado (2002).

Dessa forma, o Estado – Administração Pública precisa desenvolver um sistema para assegurar esse uso múltiplo como estabelecido na legislação específica, devendo ocorrer um planejamento, através do plano de recursos hídricos e sua implementação. O Estado deve assegurar o acesso a todos de forma igualitária e múltipla, é nesse momento que a figura do Pacto das Águas torna-se real, pois será o documento que partirá de forma concreta o percentual de cada setor usuário.

O pacto das águas, é um documento a ser elaborado e constituído no seio dos Comitês de Bacia Hidrográfica, o qual estabelecerá os parâmetros de uso, deixando já antecipadamente parametrizado como cada setor vai utilizar e a cota de cada um, inclusive o setor público, isso evitará conflitos e permitirá um uso igualitário e adequado da água, possibilitando um equilíbrio no uso desse recurso natural limitado e de forma múltipla.

Cabe registrar, o pacto se diferencia do plano de bacia hidrográfica em razão de que o plano congrega diagnóstico, projetos, expectativas, orientações e outros pontos, no entanto o pacto de fato se constitui num compromisso firmado pelo Órgão colegiado, legítimo gestor das águas, com a finalidade de assegurar o uso igualitário, proporcional e ambientalmente correto desse recurso natural finito.

O pacto é o futuro para a Política Nacional de Recursos Hídricos, pois no caso principalmente de intervenções de grande porte as relações socioambientais decorrentes do uso da água estarão preservadas e protegidas, o Estado pactua formalmente com todos os usuários, assegurando o direito fundamental a água e o uso múltiplo.

O pacto decorre do novo paradigma instituído a partir de 1988, com a nova Constituição, porém a construção de toda política hídrica com o novo paradigma, demorou muito, apenas nove anos depois é que foi editada a Lei

9.433/97, em 2001 foi instalado o primeiro Comitê de Bacia Hidrográfica, em nível nacional, o do rio São Francisco, ou seja, catorze anos depois e somente em 2010 começou a cobrança pelo uso da água, exatamente vinte e dois anos depois, infelizmente, uma estrutura que vem sendo edificada em passos lentos e desconcatenados, prejudicando muito o conjunto a ser gerenciado.

De fato, esperou-se uma ação mais rápida do Poder Público, contudo, a estrutura foi sendo montada aos poucos, retardando muito que ela funcionasse de forma sistêmica, resultando que duas décadas depois ainda vários instrumentos não funcionam adequadamente e o gerenciamento também não é pleno.

Os artigos 37 e 38 da lei 9433/97, estabeleceram as competências dos Comitês de Bacia, explicitando os deveres e atribuições na gestão hídrica, integrante do Sistema Nacional de Recursos Hídricos.

É interessante especificar algumas competências para demonstrar o grau de responsabilidade que o legislador brasileiro delegou aos Comitês de Bacia Hidrográfica.

Debater todas as questões relacionadas ao uso da água na bacia hidrográfica, bem como articular a atuação das entidades intervenientes. Além disso, será o Órgão que arbitrará sobre os conflitos de uso na bacia hidrográfica, fará o plano de recursos hídricos da bacia hidrográfica, bem como seu acompanhamento. Não bastasse todo esse cabedal de atribuições, também está no dever de propor ao Conselho Nacional de Recursos Hídricos ou ao Conselho Estadual de Recursos Hídricos, seja no plano federal ou estadual respectivamente, o reconhecimento da insignificância da acumulação, derivação ou lançamento para fins de isenção de outorga, como também os mecanismos de cobrança da água e os seus valores. Outra competência é o rateio do custo de obras de uso múltiplo, seja de interesse comum ou coletivo. De todas as decisões dos Comitês de Bacia Hidrográfica, cabe recurso para o Conselho Nacional de Recursos Hídricos ou para Conselho Estadual de Recursos Hídricos, de acordo com a localização do Comitê.

O dispositivo legal promana o seguinte, o Comitê de Bacia atua na totalidade da Bacia, fazendo a gestão descentralizada e participativa, identificando as prioridades e estabelecendo as metas a serem atingias para o equilíbrio ambiental, Machado destaca que

> Uma gestão dos recursos hídricos descentralizada – está como um dos fundamentos da Política Nacional de Recurso Hídricos – levará os Comitês da Bacia Hidrográfica a terem personalidade jurídica, o que lhes dará

> não somente maior autonomia, mais uma maior facilidade para caracterizar sua responsabilidade jurídica frente a eficiência ou ineficiência de sua atuação (Macahdo, 2002, p. 105).

Dentre as competências expressas estão aquelas em que irão dirimir os conflitos gerados no uso das águas de uma bacia, já que diversos interessados estarão em busca de sua parcela de utilização desse recurso natural limitado.

Ora, de fato existe um conflito de uso, os irrigantes querem sua parcela, a agricultura familiar, as cidades, o agronegócio e outros, enfim, uma imensidão de possíveis interessados querem também sua parcela no uso da água e o Comitê de Bacia Hidrográfica, surge como um ente público com a responsabilidade de efetivar a distribuição igualitária, pois essa competência lhe foi atribuída por disposição legal.

Indiscutível que a gestão hídrica é do Comitê de Bacia Hidrográfica e a partir de todo diagnóstico e prioridades estabelecidos no plano de bacia, irá estabelecer a forma de uso e conceder os documentos legais necessários para a concessão da outorga.

De fato, essa talvez seja a competência mais importante, para dirimir os conflitos de modo a exercer essa atribuição expressa na lei 9.433/97, art. 38, com a qual irá parametrizar os usos e diante do plano de bacia poderá, mediante o documento legal chamado Pacto das Águas, estabelecer a cota de cada usuário, assegurando igualdade, legalidade e proporcionalidade e o mais importante implementando a gestão sistêmica da bacia hidrográfica.

O Comitê de Bacia Hidrográfica efetiva o planejamento realizando o plano da bacia, que pode ser decenal como no caso do Comitê de Bacia Hidrográfica do São Francisco, estabelecendo as disponibilidades, metas, prioridades e todos os aspectos referentes a um planejamento ambiental. Estabelecidas as cotas por setor, dentro das disponibilidades existentes e nas prioridades para aquela bacia, já que a gestão é democrática, descentralizada e participativa, tomadas no seio da bacia, por meio do Comitê, deverá ocorrer a elaboração do Pacto das Águas.

A Constituição de 1988, estabeleceu no artigo 37, caput, que toda ação administrativa tem que estar respaldada no princípio da legalidade, como afirma Bandeira de Melo (2010) na forma da Lei, assim o Pacto das Águas cumpre esse requisito, uma vez que decorre da lei 9.433/97.

O Comitê de bacia tem competência para tal ato administrativo, uma vez que ele verifica disponibilidade, prioridades e requisitos para uso, dentro da realidade da bacia, não é exagero lembrar que as decisões dentro do colegiado são participativas, democráticas e descentralizadas, dando legitimidade às ações executadas, mesmo porque a representatividade é paritária, Poder Público e Coletividade, bem como, proporcional aos segmentos organizados da sociedade civil.

A gestão do Comitê é permanente, diária, sobre as questões da bacia, por exemplo, se a escassez aumentar e os parâmetros estabelecidos no Pacto das Águas tornarem-se irreais, o Comitê pode instaurar um processo administrativo, na forma da lei 9.784/99, assegurando ampla defesa e o contraditório a todos, fazendo toda tramitação interna pelas comissões e pode decidir pela reformulação do Pacto, reduzindo a destinação de um setor ou de todos os setores, fato incluído amplamente dentro das suas competências, na forma do art. 38 da Lei 9433/97.

O que de fato fere a legislação vigente foi a Resolução 442 de 08 de abril de 2013 da Agência Nacional de Águas – ANA, que atendendo pedido do Operador Nacional do Sistema – ONS, reduziu a vazão do rio São Francisco a jusante da barragem de Sobradinho para 1.100 m^3/s, sem ouvir o Comitê de Bacia Hidrográfica do rio São Francisco, porém, mais grave ainda, ferindo a Constituição de 1988 e a legislação hídrica, que estabeleceram que o Comitê de Bacia Hidrográfica é quem deve deliberar sobre essa matéria, além de desrespeitar o princípio administrativo da especialidade[4].

É preciso compreender que a partir desse novo modelo de gestão, o Comitê de Bacia Hidrográfica tem poder gerencial sobre a bacia e todas as questões de interesse da bacia serão decididas na articulação dos membros do seu colegiado, é o modelo descentralizado de gestão hídrica, ainda em implantação no sistema brasileiro.

A forma adotada na legislação atual, tem uma forte influência francesa, estando ainda em fase de implementação, apesar de decorridos mais de duas décadas, no entanto, muitos estados não têm os Comitês de Bacia, bem como a compreensão da gestão descentralizada ainda é tímida e incipiente. Um dado importante, porque o legislador delegou essa competência para os Comitês, em razão de que esse órgão descentralizado de gestão está próximo aos interesses da Bacia, pode identificar as prioridades e necessidades e diante desses dados tomar as decisões de interesse público para a Bacia. Ugaz afirma

> El problema del água no es su escassez, sino la falta de um uso cuidadoso y de uma distribuicion equitativa. El desafio que presenta la gestion del

---

4 O princípio da especialidade significa que cada órgão da Administração Pública exerce as atividades previstas na legislação que o criou, não podendo se distanciar do permissivo legal.

> água no es tecnológico, es um desafio a los mecanismos de control y de la governabilidade (Narain, 2006) (Ugaz, 2008, p. 50).[5]

De fato, como enfatiza Cecilia Ugaz, o desafio é de gestão e não de tecnologia, uma vez que a evolução tecnológica nos últimos anos foi extraordinária, destarte, o Comitê vem cumprir esse papel de efetivar uma eficiente gestão hídrica a partir da descentralização e participação.

O Comitê de Bacia Hidrográfica, como órgão gestor da bacia, deverá colecionar sempre todos os indicadores, sociais, ambientais, econômicos e institucionais da unidade hidrográfica, fundamentando suas decisões a partir do quadro sócio-ambiental existente na unidade territorial gerida, no caso a bacia hidrográfica. Os indicadores cumprem um papel fundamental, como delimita Van Bellen ao afirmar que

> O termo indicador é originário do latin indicare, que significa descobrir, apontar, anunciar, estimar, (Harmonnond et al, 1995). Os indicadores podem comunicar ou informar sobre o progresso em direção a uma determinada meta, como, por exemplo, o desenvolvimento sustentável, mas também podem ser entendidos como um recurso que deixa mais perceptível uma tendência ou fenômeno que não seja imediatamente detectável (Harmmond et al, 1995) (Van Bellen, 2006, p. 41).

Assim, o sistema de indicadores proporcionará ao Comitê de Bacia um cenário real da bacia, enfatizando quais medidas de gestão devem ser tomadas para assegurar o uso da água na forma estabelecida na legislação brasileira, servirão para demonstrar uma tendência e auxiliar na elaboração de políticas públicas.

A gestão da bacia hidrográfica representa um desafio, pela descentralização, participação, bem como pela diversidade dos cenários, que demonstram uma diversidade que precisa ser entendida, compreendida e gerida, Rabelo, adverte que:

> Um país é formado de múltiplos ecossistemas, que, muitas vezes, não estão atrelados a limites geográficos ou políticos, mas limites definidos pelo próprio sistema natureza necessitando de uma gestão estratégica bem mais complexa por envolver culturas diferentes e objetivos diferenciados em cada nação, como o exemplo do caso ocorrido com a tentativa de se aplicar mundialmente o protocolo de Quioto, que influencia fatores que são exógenos às decisões de esferas locais, embora se tenha ponto positivo para o sistema como um todo (Rabelo, 2008, p. 92).

---

[5] Tradução própria – O problema da água não é sua escassez, sim a falta de um uso cuidadoso e de uma distribuição equitativa. O desafio que se apresenta para a gestão da água não é tecnológico, é um desafio aos mecanismos de controle e da governabilidade.

Assim, o sistema de indicadores proporcionará ao gestor público conhecimento para a implementação de uma gestão hídrica descentralizada por meio dos Comitês de Bacia, pois numa gestão centralizada, concentrada, sem avaliação de indicadores, um interesse predomina em desfavor dos demais, concentrando atividades e trazendo prejuízos para o conjunto.

Um caso concreto, ao longo das últimas cinco décadas do século passado, as decisões na bacia hidrográfica do rio São Francisco foram tomadas de forma centralizada, concentradas e sem ouvir todos os interessados na bacia. A opção foi por gerar energia nas hidroelétricas, como bem delineado por Fontes (2010), sem mitigar os efeitos em todo o conjunto da bacia hidrográfica do rio São Francisco.

O cenário é o seguinte toda a bacia do rio São Francisco concentra uma série de oito barramentos, a introdução de todos esses barramentos ao longo dos anos trouxe uma alteração substancial no cenário da bacia do rio São Francisco, como demonstra Fontes (2010), que alteraram em muito as características da bacia. Rio de correnteza passou a ser controlado, modificando seu entorno, atingindo os estoques pesqueiros, modificando a piracema, secando lagoas marginais e alterando sobremaneira os parâmetros da foz.

O planejamento só para um setor, sem mitigação ou avaliação de indicadores gerais, decisão centralizada e concentrada, um modelo que parecia do passado, mas que ainda foi usado para autorizar o projeto de integração de bacias, gerando contestações políticas e judiciais, não pode ser mais adotado. É justamente o oposto disso tudo que se está construindo, um modelo com participação dos atores sociais, descentralização, que significa competência dos órgãos de gestão, como o Comitê de Bacia Hidrográfica, e democracia, decisão respeitada, cumprida e tomada no seio de um colegiado representativo.

Conceber um padrão diferente, ubicado em indicadores reais, centrado no interesse da bacia, a partir da efetivação de diagnósticos e respeitando a pluralidade de atores e interesse dos envolvidos, dessa forma é possível discutir um possível desenvolvimento sustentável[6].

A partir da situação real do baixo São Francisco, analisada em indicadores já existentes, identificar princípios preponderantes para formulação do Pacto das Águas, assim será possível estabelecer um parâmetro para um uso igualitário, razoável, proporcional e ponderado. Esse é o ponto crucial, a introdução de um mecanismo que possa refletir a realidade da bacia, entender

[6] A Comissão Brutland definiu que desenvolvimento sustentável é retirar do ambiente o necessário sem esgotar sua capacidade de recuperação.

suas complexidades e retratar nos compromissos formal e legal dessas diversidades.

O Pacto das Águas tem que ser gerado no seio do Comitê de Bacia, primeiro por ser um instrumento legal de gestão, segundo por ser descentralizado, terceiro por ser participativo, garantindo a legitimação das suas decisões. As peculiaridades, diversidades, usos, são auferíveis facilmente pelos Comitês, uma vez que a sua formação é heterogênea, reunindo o conjunto da sociedade e dessa forma tem a ferramenta necessária para efetivar o pacto público pelo uso das águas.

Apesar de falado, como na apresentação do Plano Decenal da Bacia Hidrográfica do Rio São Francisco, pelo então gestor da Agência Nacional de Águas – ANA, Gerson Kelmam, que na parte introdutória do plano decenal mencionou o Pacto das Águas, mas não definiu e nem mencionou como chegar a esse documento. De fato o Comitê de Bacia Hidrográfica do rio São Francisco não enfrentou a questão, nem outro comitê, estando a questão em aberto até o presente momento.

Esse é o ponto crucial desse trabalho, a construção da base principiológica a partir da Constituição de 1988, das Constituições Estaduais e da legislação ordinária referente a questão dos recursos hídricos, para a construção do Pacto das Águas, fundado num Índice de Sustentabilidade, que permitirá periodicamente o monitoramento do pactuado e sua reavaliação.

É um estado democrático constitucional de direito, conforme Canotilho (1999), a partir da concepção de documentos legais respeitando os parâmetros da Constituição de 1998, o estado republicano, a democracia e a participação.

Infelizmente, na Federação Brasileira, ainda são encontrados modelos de gestão fundados nos parâmetros da Constituição outorgada de 1967, documento do período autoritário, com um modelo gerencial concentrado e centralizador, que leva a concentração de atividades em desfavor a todo o entorno, é a pura realidade da bacia do rio São Francisco, aonde o setor hidroelétrico concentrou atividades gerando riquezas, mas também um grave e enorme passivo ambiental, social econômico e institucional.

A concepção do Pacto das Águas, sua existência e compatibilidade com o sistema normativo, representando sua abrangência sócio-ambiental para o alcance de um desenvolvimento sustentável para o conjunto da sociedade.

Ora, avaliar a conjuntura atual, partindo da observação de indicadores ambientais, sociais, econômicos e institucionais, é de fundamental importância, construindo a partir desse ponto um índice de sustentabilidade para demonstrar a relevância do Pacto das Águas, que proporcionará não só um novo padrão de gestão hídrica, mas sobretudo um uso igualitário da água. Mas a organização, utilização e administração dos recursos hídricos dentro de parâmetros concebidos democraticamente e de forma participativa, tendo como foco principal o interesse público, terá como consequencia o desenvolvimento social e ambiental.

O Pacto das Águas, ainda não utilizado, será um grande instrumento para a concepção de um modelo gerencial republicano, voltado para o interesse comum e com certeza um instrumento igualitário, assim, adotando-se esse padrão todo o conjunto de indicadores da região do baixo São Francisco sofrerá uma grande alteração, melhorando a qualidade de vida.

1. O ÍNDICE DE SUSTENTABILIDADE

Delineada a competência do Comitê de Bacia Hidrográfica, ficando demonstrado que de fato existe o estabelecimento expresso na legislação para que o comitê estabeleça o Pacto das Águas.

O pacto deverá se sustentar em dados concretos, que possibilitem ao colegiado compreender e deliberar de forma a atender os interesses da unidade hidrográfica e dessa forma concretizar o bem estar coletivo.

Agora, esse estudo propõe a construção de um Índice de Sustentabilidade, que norteará a decisão do Comitê de Bacia Hidrográfica, possibilitando de fato o alcance de um parâmetro real da bacia hidrográfica possibilitando que o colegiado possa estabelecer as prioridades e as cotas para cada setor.

Porém antes é fundamental entender o que é um índice, assim diz Van Bellen

> Os índices de sustentabilidade também são indicadores que condensam informações obtidas pela agregação de dados. São necessários no nível mais alto de tomada de decisão, uma vez que são mais fáceis de entender e utilizar no processo decisório. Um dos exemplos mais comuns de índice, que neste caso não está ligado à gestão ambiental, é o PIB. Outro índice que tem ganhado relevância é o HDI da ONU. (Van Bellen, 2006, 49)

Justamente é o que propõe esse trabalho, a criação de um índice de sustentabilidade a partir da junção de vários indicadores de sustentabilidade, mediante metodologia estabelecida no capítulo segundo.

Serão trabalhados os indicadores sociais, ambiental, institucional e o econômico. O ambiental foi a vazão do rio São Francisco, os sociais mortalidade infantil e alfabetização, o institucional a porcentagem de recursos aplicados na bacia hidrográfica do total arrecado na própria bacia e o econômico que foi a renda per capita.

Para estabelecer a metodologia ficou estabelecido o ano de 2010, coletando-se os indicadores do Instituto Brasileiro de Geografia e Estatística – IBGE, a partir do censo realizado naquele ano.

Porque 2010? Em razão de que naquele ano teve início, depois de vinte e dois anos, a cobrança pelo uso da água, ou seja, a bacia hidrográfica do rio São Francisco passou a arrecadar recursos no seio da sua própria unidade hidrográfica, estabelecendo um novo patamar de gerenciamento.

Os recursos que anteriormente dependiam das injunções e prestígios políticos passaram a ser gerados dentro da própria bacia hidrográfica, em razão do seu uso, esse fato alterou todas as avaliações anteriores, pois as decisões eram tomadas pela densidade política a ser afetada, muitas vezes, sem nenhuma consequência para a bacia hidrográfica, contudo, com dividendos políticos.

Com a instituição da cobrança pelo uso, autorizada pela Lei 9.433/97, a Bacia Hidrográfica do rio São Francisco passou a arrecadar os valores pelo uso da água, sem depender de emendas parlamentares ou descontingenciamento do orçamento, posto que os recursos arrecadados na bacia hidrográfica devem ser gastos na gestão hídrica, preferencialmente na bacia arrecadadora.

No sistema atual a situação sofreu intensa mutação, uma vez que os recursos são arrecadados na bacia hidrográfica e seu uso passou a ser delimitado no ordenamento jurídico, burilado pela Constituição de 1988, pelo Comitê de Bacia Hidrográfico, Órgão colegiado com representação paritária, incumbido legalmente da gestão da bacia hidrográfica.

Esse parâmetro não estava estabelecido antes de 2010, porque a estrutura estava incompleta, o Comitê de Bacia Hidrográfica já tinha sido instalado, contudo a cobrança pelo uso da água ainda não acontecia.

Quando foi escolhido o marco de pesquisa, o ano de 2010 foi exatamente por representar um novo paradigma, a bacia hidrográfica pedinte acabou e passou a existir a bacia hidrográfica que iniciou a cobrança pelo seu uso, acumulando até o início do ano de 2014 o total de mais de R$ 70.000.000,00 (setenta milhões).[7]

Dessa forma, se iniciou em 2010 um novo momento, os recursos para recuperação, investimentos, apoio institucional e outros usos não dependiam

[7] Dados financeiros disponíveis no site http://www.cbhsaofrancisco.org.br/

mais da conta do tesouro nacional, pelo contrário, os recursos foram gerados na própria bacia, bastando a partir daquele momento estabelecer um patamar gerencial adequado e proporcional a diversidade da bacia hidrográfica.

Esse foi o ponto de mutação da legislação brasileira, aplicação efetiva da descentralização política, geográfica e geracional, posto que, o modelo adotado pelo Comitê de Bacia Hidrográfica representou uma descentralização do poder executivo central para um órgão colegiado que funciona junto a bacia hidrográfica que é de fato a unidade territorial para fins de gerenciamento.

A construção desse índice de Sustentabilidade que pode nortear as decisões do Comitê de Bacia Hidrográfica foi idealizado a partir da análise de alguns indicadores de sustentabilidade, escolhidos da base de dados do IBGE, através do referido índice é possível manter permanente monitoramento.

2. ANÁLISE CRÍTICA DO ÍNDICE DE SUSTENTABILIDADE

Agora se faz necessário a análise dos dados coletados a partir da construção do índice de sustentabilidade, um índice que aparentemente não representou o conjunto da bacia hidrográfica do São Francisco, pois limitado a região do baixo São Francisco.

A elaboração do referido índice foi pensada justamente a partir do início da cobrança pelo uso da água, fato que assegurou recursos gerados no seio da própria bacia hidrográfica, gerando uma situação de autonomia financeira para o gestor da bacia hidrográfica que no presente caso é o Comitê de Bacia Hidrográfica do rio São Francisco, fato inexistente anteriormente, pois dependia totalmente da liberação de verbas do orçamento da União.

Um primeiro ponto firmado é que a partir da elaboração desse índice, tendo como marco o início da cobrança, possibilitará o monitoramento periódico a partir da apresentação da atualização dos indicadores de sustentabilidade, possibilitando ao pesquisador aferir se de fato com a arrecadação na bacia hidrográfica as condições sócio-ambientais sofreram alterações.

É preciso correlacionar alguns indicadores, no gráfico radar, a partir da adjacência dos indicadores e também verificando a área de cada triângulo e o que de fato isso representa.

Primeiramente, seguindo os cálculos acostados no capítulo segundo, da metodologia, foi possível chegar ao Índice de Sustentabilidade, que tem o seguinte número, a partir da aplicação da fórmula adaptada de Daniel (et all, 2001), segue o valor

$$Is == \sum S \sum S \; Is = 0{,}8853$$

Com a aplicação da fórmula que admensionou todos os indicadores, foi possível também a construção de um gráfico radar, espelhando a situação da região objeto da pesquisa, esse gráfico está assim definido

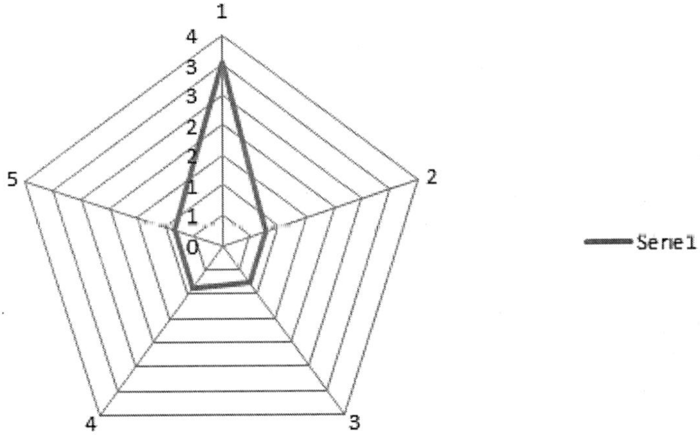

O primeiro ponto a ser enfrentado diz respeito ao fato de que a menor área está entre os indicadores de sustentabilidade social mortalidade infantil e o indicador de sustentabilidade institucional, aqui eleito o nível de investimento em relação aos recursos arrecadados na bacia hidrográfica.

A mortalidade infantil indiscutivelmente tem sido um grave problema na região nordeste, especificamente na área objeto do presente estudo, basta observar alguns dados nos censos do IBGE, como se observa:

Mortalidade Infantil Municípios AL e SE	Ano 1991	Ano 2000	Ano 2010
Belo Monte (AL)	90,80	52,40	34,50
Penedo (AL)	70,50	42,30	25,10
Piaçabuçu (AL)	70,50	45,50	34,20
Piranhas (AL)	77,30	43,70	23,00
Porto Real do Colégio (AL)	96,20	55,20	28,00
Canindé do São Francisco (SE)	86,80	52,40	29,20
Ilha das Flores (SE)	86,80	55,90	30,40

Neópolis (SE)	80,80	55,10	37,20
Poço Redondo (SE)	86,80	51,00	25,80
Propriá (SE)	71,10	36,80.	23,00

O quadro comparativo dos dez Municípios escolhidos espacialmente para a pesquisa demonstrou que de fato a mortalidade infantil era um problema extremamente grave no ano de 1991, sofrendo uma melhoria nas duas décadas seguintes, estando num patamar preocupante ainda, contudo, não está mais no estágio tão grave, como no ano de 1991.

Alguns investimentos foram importantes para a alteração desse quadro, especificamente a questão da água potável que teve um crescimento muito forte nas últimas décadas, como se observa:

População em domicílios com água encanada em 2010	Brasil	Alagoas	Sergipe
Percentual	92,72	76,56	89,13

Evidente que o investimento em água encanada, atingindo um percentual considerável da população do baixo São Francisco, de Alagoas e Sergipe, área objeto do estudo, foi de fato responsável pela melhoria exuberante na queda da mortalidade infantil, contudo, quando o questionário abrange água e saneamento, vejam o quadro:

Pessoas em domicílios com abastecimento de água e esgotamento sanitário inadequado em 2010	Brasil	Alagoas	Sergipe
Percentual	6,12	13,07	11,02

Essa pesquisa do IBGE no último censo demonstrou o quanto ainda precisa ser investido no baixo São Francisco para melhoria da qualidade de vida, pois de fato em relação ao passado ocorreu um avanço, porém ainda se faz necessário um maior aporte de recursos que possibilitem o alcance do conjunto de domicílios, eliminando a disseminação de doenças continuadamente, grave problema enfrentado na região por décadas.

Esse quadro quando examinado por Município eleito para o estudo presente, revela uma faceta diferente, exatamente que a situação do baixo São Francisco é um pouco mais complexa do que se imagina, pois apesar da riqueza de uma bacia que está às margens da maioria dos Municípios, os indicadores ainda sinalizam diversos problemas graves.

É interessante observar o percentual de pessoas em domicílios com abastecimento de água e saneamento inadequado, os dados localizados são diferentes dos dados globais, observe quadro abaixo:

Percentual de pessoas em domicílio com abastecimento de água e esgotamento sanitário inadequado	Ano 1991	Ano 2000	Ano 2010
Belo Monte (AL)	84,30%	30,55%	17,30%
Penedo (AL)	16,77%	18,94%	5,22%
Piaçabuçu (AL)	22,94%	17,94%	9,75%
Piranhas (AL)	40,58%	10,65%	14,61%
Porto Real do Colégio (AL)	52,67%	18,93%	6,71%
Canindé do São Francisco (SE)	28,70%	21,87%	15,63%
Ilha das Flores (SE)	23,28%	30,48%	16,83%
Neópolis (SE)	30,01%	25,24%	9,08%
Poço Redondo (SE)	31,98%	20,59%	15,32%
Propriá (SE)	5,61%	8,74%	3,88%

Esse quadro acima mostrou que de fato ocorreu uma evolução nas últimas décadas, porém são necessários mais investimentos de uma forma geral, levando em conta que está apenas o esgotamento inadequado, pois, se for questionar a questão dos resíduos sólidos, provavelmente a maioria dos Municípios mantém até hoje um lixão no seu território.

O entrelaçamento do indicador institucional com o social está no fato de que um maior investimento no baixo São Francisco no tocante aos serviços públicos poderá reduzir a mortalidade infantil e poderá possibilitar uma melhor qualidade de vida, os indicadores demonstram essa tendência.

A maior área do triângulo está no cruzamento do indicador econômico renda percapta e o indicador ambiental vazão do rio São Francisco, qual a lição que pode se tirar desse entrelaçamento, o aumento da vazão pode aumentar a renda percapta, em razão do aumento de oportunidades de atividades quando a vazão é maior ou mantida dentro dos parâmetros da média histórica.

Como entender essa equação, da seguinte forma, o aumento da vazão resulta no seguinte: a. melhora a condição das lagoas marginais; b. reequilibra a foz do rio São Francisco possibilitando uma melhor navegação; c. facilita a entrada de água nos perímetros irrigados, atendendo os que plantam arroz; só nestes três exemplos já foi possível observar que o aumento da vazão resultará na melhoria da pesca, no plantio de arroz e na navegação, por conseguinte melhoria da renda na região do baixo São Francisco.

O entrelaçamento dos indicadores é inevitável pela própria complexidade da bacia hidrográfica do rio São Francisco, todavia, é fundamental entender que o índice de sustentabilidade é uma ferramenta para entender e compreender essa complexidade, possibilitando a orientação para o gestor público no momento de decisões em políticas públicas.

O índice de sustentabilidade é uma ferramenta excepcional para a construção do Pacto das Águas, que representará a autonomia do Comitê de Bacia Hidrográfica do rio São Francisco, o qual obedecerá aos princípios constitucionais da proporcionalidade, descentralização, razoabilidade, participação, supremacia do interesse público sobre o particular, eficiência e legalidade na destinação dos recursos oriundos da cobrança pelo uso da água.

3. O CONCEITO DO PACTO DAS ÁGUAS

O índice de sustentabilidade proporcionou esclarecer as condições da bacia hidrográfica do rio São Francisco, e mais, proporciona o monitoramento periódico, a partir do momento em que os indicadores forem atualizados o índice de sustentabilidade é recalculado.

A consequência é que com o índice de sustentabilidade calculado e sua análise efetivada é possível estabelecer o Pacto das Águas no Comitê de

Bacia Hidrográfica do rio São Francisco, sendo a decisão tomada com base científica.

No caso concreto objeto desse estudo, observa-se que o índice de sustentabilidade indicou a necessidade de maior investimento nas causas que aumentam a mortalidade infantil, assim, quando observou-se que no ano de 2010 foram arrecadados R$ 8.631.091,38 (oito milhões, seiscentos e trinta e um mil, noventa e um reais e trinta e oito centavos) na totalidade da bacia hidrográfica do rio São Francisco e apenas investido 1.500,00 (um mil e quinhentos reais) no baixo São Francisco[8].

Esse valor irrisório investido não representou nada em relação as necessidades do baixo São Francisco, mesmo observando-se os valores dos anos seguintes, chega-se a conclusão que o valor destinado ao baixo São Francisco está completamente desproporcional, violando o texto da Constitucional de 1988.

A desproporcionalidade entre o que é arrecadado na bacia e o que é investido na região mais pobre da bacia hidrográfica do rio São Francisco, de fato causa estarrecimento, a população não tem noção do que que ocorreu, pois se fosse pelo menos investido o que é arrecado no baixo São Francisco faria sentido, todavia o valor investido está muito abaixo do que é arrecado na região.

O quadro demonstra:

Tabela 3 - Resultados obtidos pela Cobrança pelo uso de recursos hídricos no rio São Francisco, no período de 2010 a 2013

Ano	Estimativa de Arrecadação	Arrecadado	% (Arrecadado/Estimativa)
2010	11.437.523,90	8.631.051,38	75,46%
2011	21.681.676,41	19.582.826,00	90,32%
2012	23.180.770,42	21.570.278,55	93,05%
2013	23.817.955,74	21.755.209,78	91,34%
Total	**80.117.926,47**	**71.539.365,71**	**89,29%**

Fonte: Adaptação da ANA (2013)

O quadro supra apresentou os valores arrecadados na bacia hidrográfica do rio São Francisco nos anos 2010, 2011, 2012 e 2013, mostrando a evolução anual do valor arrecadado, dados retirados da ANA.

8 Dados fornecidos pelo CBHSF

No entanto é interessante verificar o percentual de investimento anual, assim distribuído:

Ano	Valor arrecadado	Valor investido	Percentual
2010	R$ 8.631.051,38	R$ 1.500,00	0,0173 %
2011	R$ 19.582.826,00	R$ 198.725,62	0,9854 %
2012	R$ 21.570.278,55	R$ 155.907,96	1,3835 %

A observação desse último quadro é mais estarrecedora ainda, os anos analisados comprovaram que de fato os recursos arrecadados não estão sendo direcionados para o baixo São Francisco, a região está sendo prejudicada na aplicação geral dos recursos arrecadados, os valores destinados ao baixo São Francisco são irrisórios e prejudiciais as necessidades dos Municípios situados nessa localidade.

A razão constitucional e legal da existência do Pacto das Águas é justamente assegurar a proporcionalidade como um dever constitucional, ao qual está vinculado o gestor público, nesse caso o Comitê de Bacia Hidrográfica do rio São Francisco, Órgão que arrecadou e se responsabilizou pela aplicação.

O Pacto das Águas decorre dos princípios constitucionais da proporcionalidade, igualdade e legalidade, já referidos anteriormente, buscam corrigir desigualdades, assegurando uma ação estatal forte na busca do equilíbrio ambiental e na dignidade da pessoa humana, como princípio republicano.

O Comitê da Bacia Hidrográfica do rio São Francisco é Órgão legítimo para a gestão da bacia, esse mandamento constitucional é inviolável, como bem está delineado por Bessa

> A Política Nacional de Recursos Hídricos – PNRH, em seus princípios, rompe com a antiga e errônea concepção de que os problemas referentes aos recursos hídricos podem ser enfrentados em desconsideração das realidades geográficas. A adoção da gestão por bacias é um passo fundamental para que se consiga um padrão ambiental aceitável para os nossos recursos hídricos. Igualmente relevante é a adoção do critério de que a gestão dos recursos hídricos é um elemento de interesse de toda a sociedade e que, portanto, somente em ações conjuntas é que se conseguirá obter resultados favoráveis. Bessa, 2012, 913)

A desigualdade é de tal ordem que nem o valor arrecadado no baixo São Francisco é aplicado na região, observem tomando como exemplo, no ano de 2010 o Estado de Sergipe recolheu para o Comitê do São Francisco

R$ 944.209,97 e o Estado de Alagoas recolheu R$ 2.118,55, somando os valores o total será de R$ 946.328,52, quando se observa o valor aplicado é exatamente R$ 1.500,00, ou seja, 0,1585 % do valor total arrecado no baixo São Francisco, de fato um absurdo, pois nem 10 % foi de fato aplicado numa região extremamente carente e com indicadores que sinalizaram sobre a necessidade de investimentos para correção de desigualdades, redução da mortalidade infantil e melhoria dos serviços públicos prestados aos conjunto da sociedade.

O Pacto das Águas corrigirá essa desigualdade flagrante, sem nenhum comprometimento legal, pelo contrário está totalmente agasalhado nos dispositivos da Lei 9433/97, devendo ser celebrado pelo Comitê de Bacia Hidrográfica do rio São Francisco visando assegurar de fato uma aplicação justa e igualitária dos valores arrecadados na bacia hidrográfica, especificamente no baixo São Francisco.

O conceito do Pacto das Águas está assim consignado, é o documento formal, editado por meio de resolução do Comitê de Bacia Hidrográfica do rio São Francisco, com a finalidade de estabelecer a política de gestão na bacia hidrográfica do rio São Francisco, fundado na Constituição de 1988 e na legislação correlata, estabelecendo prioridades, especificidades, limitações e principalmente distribuindo proporcionalmente os recursos arrecadados pelo uso da água, de forma a assegurar os investimentos necessários para reduzir as desigualdades sociais e possibilitar uma gestão eficiente e a qualidade de vida para o conjunto da sociedade.

CONCLUSÃO

O Comitê de Bacia Hidrográfica no contexto jurídico brasileiro representou o órgão Público que expressou como maior intensidade os princípios da descentralização e participação dentro da esfera da Administração Pública.

Com composição paritária, Poder Público e os segmentos organizados da sociedade civil e usuários, têm suas competências estabelecidas na Lei 9.433/97, com a finalidade de assegurar água em quantidade e qualidade ao conjunto da sociedade.

A legislação especifica com precisão estabeleceu todas as competências dos comitês de bacia, clarificando que são eles os responsáveis pela arrecadação, gestão e proteção da unidade hidrográfica, que é a bacia hidrográfica, na presente pesquisa a do rio São Francisco.

Os Comitês de Bacia Hidrográfica em razão da nova ordem constitucional e legal passaram a arrecadar pelo uso da água nas suas esferas de gestão, possibilitando a formação de um fundo de recursos para aplicação preferencialmente no seio da própria bacia hidrográfica, dentro das finalidades da proteção e precaução ambiental.

O que a presente pesquisa propôs foi que o Comitê de Bacia Hidrográfica, a partir da construção de um índice de Sustentabilidade que foi construído nesse trabalho, passe a monitorar a arrecadação e aplicação dos recursos oriundos da bacia hidrográfica.

Com o Índice de Sustentabilidade, apresentado através do gráfico radar, terá o Comitê um retrato positivo ou negativo da bacia hidrográfica, podendo identificar os pontos cruciais que necessitam uma intervenção mais precisa da Administração Pública, através das políticas públicas. O índice de sustentabilidade aqui construído é um ponto de partida para o monitoramento, uma vez que anteriormente não havia arrecadação própria, assim, a partir desse momento, os indicadores podem ser atualizados e o monitoramento pode ser efetuado periodicamente, identificando a eficácia ou não dos investimentos realizados com a arrecadação na bacia hidrográfica.

Com essa caracterização, o dever constitucional e legal do Comitê de Bacia Hidrográfica é atuar para eliminar ou mitigar as desigualdades e problemas dentro da unidade administrada.

Através da identificação dos problemas e tendo sob sua gestão recursos oriundos da arrecadação dentro da bacia hidrográfica, tem a fundamentação legal de celebrar o Pacto das Águas, documento legal, fruto de decisão colegiada, que efetiva a distribuição equitativa dos recursos oriundos da cobrança pelo uso, de forma justa e equânime, visando corrigir as desigualdades encontradas no Índice de Sustentabilidade.

Com a construção do referido índice, poderá periodicamente ocorrer a sua atualização, mantendo-se o monitoramento e o diagnóstico da situação da bacia hidrográfica, sendo possível, correções no Pacto das Águas, de acordo com as metas atingidas e a identificação de novos desafios.

O objetivo dessa pesquisa era identificar princípios constitucionais que permitissem a construção do Pacto das Águas, fato que foi cumprido, os princípios da legalidade, descentralização, participação, supremacia do interesse público sobre o privado, autoexecutoriedade e eficiência foram examinados e identificados como sustentáculos do Pacto das Águas.

O Pacto das Águas, fundado em princípios constitucionais, tem para sua delimitação um índice de sustentabilidade, construído nesse trabalho, com fundamento na fórmula de Daniel (et all, 2001), o qual pode demonstrar tendências existentes na bacia hidrográfica, possibilitando um indicativo para o processo decisório no plenário do Comitê de Bacia Hidroráfica.

Outro fato importante é que esse índice foi construído a partir do início da cobrança, dessa forma, poderá ser feita a atualização dos indicadores permanentemente, o que possibilitará verificar se de fato os valores arrecadados e reinvestidos na bacia hidrográfica estão resultando em benefício para o conjunto da sociedade.

Restou provado a competência do Comitê de Bacia Hidrográfica do rio São Francisco para editar o Pacto das Águas, documento formal, publicizado por meio de resolução colegiada, que estabelecerá os padrões de gestão, investimento e monitoramento da bacia hidrográfica do rio São Francisco.

REFERÊNCIAS BIBLIOGRÁFICAS

ABERS, Rebecca; KECK, Margaret. **Comitês de Bacia no Brasil**. São Paulo: Revista de Estudos Urbanos e Regionais, 2004, vol. 6, N 01, 55-69.

ABERS, Rebecca; JORGE, Karina Dino. **Descentralização da água: porque os comitês de bacia estão sendo criados**. Brasília: UNB, Projeto Marca D'água, 2005.

ABERS, Rebecca. **Organizing for Governance ulding Collaboration in Brazilian River Basins.** Brasília: Revista Word Development, 2007, vol. 35, N 08, p 1450-1463.

AGUIAR NETTO, Antenor de Oliveira; GOMES, Laura Jane. **Meio Ambiente: distintos olhares**. São Cristóvão: Editora UFS, 2010.

AGUIAR NETTO, Antenor de Oliveira; LUCAS, Ariovaldo Antônio Tadeu. Águas do São Francisco. São Cristóvão: editora UFS, 2010.

ALVES FILHO, João. **Transposição das águas do São Francisco**. São Paulo: Catavento, 2000.

ALVES FILHO, João; et all. **Toda a verdade sobre a transposição das águas do Rio são Francisco**. Rio de Janeiro: Maud X, 2008.

ALMEIDA, Fernando. **O bom negócio da sustentabilidade**. Rio de Janeiro: Nova Fronteira, 2002.

ÁVILA, Humberto. **Teoria dos princípios.** São Paulo: Malheiros, 2003.

AZEVEDO, Luiz Gabriel Todt, et all. **Água Brasil 07**. Brasília: Banco Mundial, 2005

BANDEIRA DE MELO, Celso Antônio. **Curso de Direito Administrativo**.5. ed. São Paulo, 2010.

BASSANI, Paulo; CARVALHO, Maria Aparecida Vivian de. **Meio Ambiente.** Curitiba: Editora UFPR, 2004, vol. 09.

BECKER, Michele Amorim. Dissertação de mestrado ética e comunicação de risco na transposição das águas do rio são francisco. São Cristóvão: PRODEMA, 2011.

BELLEN, Hans Michael van. **Indicadores de sustentabilidade**. Rio de Janeiro, FGV, 2006.

BENJAMIM, Antônio Herman V. .**Dano Ambiental**. São Paulo: RT, 1991.

BERLOFFA, Ricardo Ribas C. **Introdução ao curso de Teoria do Estado e Ciências Políticas**. Campinas: Bookseller, 2004.

BESSA, Paulo Antunes. **Curso de Direito Ambiental**. ed.. Rio de Janeiro: Renovar,2010.

______, 2012. **Direito Ambiental**. 14 ed. São Paulo: Atlas, 2012.

BOCARELLI, Noelma. **Diálogos entre as esferas global e local**. São Paulo: Petrópolis, 2002.

BONAVIDES, Paulo. **Curso de Direito Constitucional.** São Paulo: Malheiros, 2009.

--------------.**Ciência Política.** São Paulo: Malheiros, 1996.

BOFF, Leonardo. **Ecologia: grito da terra, grito dos pobres.** São Paulo: Ática, 1995.

BOFF, Leonardo et al. **Meio ambiente no século 21.** Rio de Janeiro: Sextante, 2003.

BORGES, Sérgio dos Santos. **Agrotóxicos, Sociedade e Natureza**. Sergipe: NESSA/UFS, 1995.

CAMPOS, Nilson; STUDART, Ticiane. **Gestão das águas.** Porto Alegre: ABRH, 2003.

CANOTILHO, José Joaquim Gomes. **Direito Constitucional**. Coimbra: Almedina, 1999.

CAPRA, Fritjof et al. **Meio ambiente no século 21**. Rio de Janeiro: Sextante, 2003.

CARVALHO, Antonio Cesar Leite; SANTANA, José Lima. **Direito Ambiental brasileiro em perspectiva**. Curitiba, Juruá, 2010.

CARVALHO, Raquel Melo Urbano. **Curso de Direito Administrativo**. Salvador: Editora Podivm, 2008.

CASADO, Ana Patrícia Barreto. Dissertação de mestrado estudo do processo erosivo na margem direita do rio são Francisco. São Cristóvão: Prodema, 2000.

CASTRO, Alaor de Almeida, Coordenador. **Manual de Saneamento e Proteção Ambiental para os Municípios**. Belo Horizonte: UFMG, 1996.

CASTRO, Josué de. **Geografia da fome**. Rio de Janeiro: Civilização Brasileira, 2002.

CHARRO, María Calvo. **Sanciones medioambientales**. Madrid: Marcia Pons, 1999.

CODEVASF. **Almanaque vale do São Francisco**. Brasília: 2005.

COIMBRA, José de Ávila Aguiar. **O outro lado do meio ambiente.** São Paulo: Milenium, 2002.

CRESPO, Samyra et al. **Meio ambiente no século 21.** Rio de Janeiro: Sextante, 2003.

DANIEL, O.; COUTO, L.; SILVA, E. et al. Alternativa a um método para determinação de um índice de sustentabilidade. Revista Árvore, Viçosa, v. 25, n. 4, 2001, p.455-462.

DESAFIO DO DESENVOLVIMENTO SUSTENTADO, Governo Federal. CIMA, 1991.

DESENVOLVIMENTO E MEIO AMBIENTE. Curitiba: Editora UFPR, 2002, vol. 05.

DESENVOLVIMENTO E MEIO AMBIENTE. Curitiba: Editora UFPR, 2002, vol. 06.

DESENVOLVIMENTO E MEIO AMBIENTE. Curitiba: Editora UFPR, 2004, vol. 09.

DESENVOLVIMENTO E MEIO AMBIENTE. Curitiba: Editora UFPR, 1996, vol. 03.

DESENVOLVIMENTO E MEIO AMBIENTE. Curitiba: Editora UFPR, 1995, vol. 02.

DIAS, Genebaldo Freire. **Pegada ecológica e sustentabilidade humana.** São Paulo: Gaia, 2002.

DI PIETRO, Maria Sylvia Zanella. **Direito Administrativo**. São Paulo: Atlas, 2009.

DOWBOR, Ladislau; TAGNIN, Renato Arnaldo. **Administrando a água como se fosse importante**. São Paulo: SENAC, 2007.

FARIA, Luiz Alberto Gurgel. **A extrafiscalidade e a concretização do princípio da redução das desigualdades regionais**. São Paulo: Quartier Latin, 2010.

FIORILLO, Celso Antônio Pacheco. **Curso de Direito Ambiental Brasileiro**. São Paulo: Saraiva, 2000.

FONTES, Luiz Carlos et al. **Águas do São Francisco.** São Cristóvão: editora UFS, 2010.

GONTIJO JUNIOR, Wilde Cardoso. **Uma avaliação da política brasileira de recursos hídricos baseada em dez casos de estudo**. Brasília: UNB, tese de doutoramento, 2013.

GRANZIERA, Maria Luiza Machado. **Direito de Águas**. São Paulo: Atlas, 2001.

GT ÁGUAS – Revista das águas. http://revistadasaguas.pgr.mpf.gov.br/edicoes-da-revista/edicao-atual/destaques-do-menu-superior/composicao/composicao

GUIMARÃES, Rosimeire Maria Antonieta. **Estado e politica ambiental em Sergipe.** São Cristóvão: Editora UFS, 2010.

Hydrology and Earth System Sciences (HESS) and Hydrology and Earth System Sciences Discussions (HESSD) are published by the Copernicus GmbH (Copernicus Publications) on behalf of the European Geosciences Union (EGU).

HOBSdBAWM, Eric. **Era dos Extremos.** 2ª ed.. São Paulo: Companhia das Letras, 1997.

HOLANDA, Francisco Sandro Rodrigues; ISMERIM, Suzete Silva; ROCHA, Igor Pinheiro da; JESUS, Alysson Santos de; ARAUJO FILHO, Renisson Neponuceno; MELO JUNIOR, Arisvaldo Vieira. **Enviromental perception of the São Francisco riverine Population in regard to flood impact**. KAmla-Raj: J Hum Eco, 2009, p. 37-46.

INGENIEROS, José. **O Homem Medíocre.** São Paulo: Edicamp, 2002.

LEFF, Enrique. **Aventuras da epistemologia ambiental**. Rio de Janeiro: Garamond, 2003.

LEFF, Enrique. **Saber ambiental**. São Paulo: Vozes, 2001.

LEIS, Héctor R.. **Meio Ambiente, Desenvolvimento e Cidadania.** Santa Catarina: Cortez, 1995.

LEITE, José Rubens Morato; AYALA, Patryck de Araújo. **Direito Ambiental na Sociedad de Risco.** Rio de Janeiro: Forense Universitária, 2002.

MACHADO, Paulo Afonso Leme. **Recursos Hídricos**. São Paulo: Malheiros, 2009.

MAGALHÃES JUNIOR, Antônio Pereira. **Indicadores ambientais e recursos hídricos.** Rio de Janeiro: Bertrand, 2007.

MALHEIROS, Tadeu Fabrício; PROTA, Mariza Guimarães; RINCÓN, Mario Alejandro Perez. **Participação comunitária e implementação dos instrumentos de gestão da água em bacias hidrográficas**. São Paulo: Revista Ambiente e Água, 2013, vol. 08, N 01, p. 98-119.

MANETA, M. P.; TORRES, M.; WALLENDER, W.W.; VOSTI, S.; KIRBY, M.; BASSOI, L.H.; RODRIGUES, L. N.. **Water demand and flows in the São Francisco River Basin with increased irrigation.** ELSEVIR: Agricultura Water Journal Management 96. (homepage – www.elsevier.com/locate/agwat), 2009, p. 1191-1200.

MARTINS, Dhiego de M F; CHAGAS, Rogério M; MAELO NETO, José de Oliveira; MELLO JUNIOR, Arisvaldo V. **Impactos da construção da usina hidroelétrica de Sobradinho no regime de vazões no Baixo São Francisco**. Paraíba: Revista Brasileira de Engenheira Agrícola e Ambiental, 2011, p. 1054 – 1061.

MASCARENHAS, Ana Cristina. O Comitê da bacia hidrográfica do rio são Francisco. Salvador: Revista do CBHSF/vol 01, 2007.

MATEO, Ramoón Martin. **Tratado de derecho ambiental, vol 01.** Madrid, Trivium, 1991.

MEIRELES, Hely Lopes. **Direito Municipal Brasileiro.** 6. ed. . São Paulo: Malheiros, 1993.

MELO e SOUZA, Rosemeri. **Redes de monitoramento socioambiental e tramas a sustentabilidade**. São Paulo: Ananablume, 2007.

MILARÉ, Edis. **Direito do ambiente.** São Paulo: RT, 2011.

MORAIS, Alexandre. Presidencialismo. São Paulo: Atlas, 2004.

MORIN, Edgar. **Saberes globais e saberes locais.** Rio de Janeiro: Garamond, 2004.

NASCIMENTO, Elimar Pinheiro. **Dilemas e desafios do desenvolvimento sustentável no Brasil.** Rio de Janeiro: Garamond, 2007.

NOVELINO, Marcelo. **Direito Constitucional**. São Paulo: Método, 2012, 6ª edição.

OLIVEIRA, Aline Souza Torres. Dissertação de mestrado valoração ambiental: aplicação do método custo de oportunidade para recuperação de degradação ambiental causada pela erosão marginal no perímetro irrigado cotinguiba/pindoba no baixo são Francisco sergipano. São Cristóvão: PRODEMA, 2006.

PESSOA, Flávia Moreira Guimarães et al. **Águas do São Francisco.** São Cristóvão: editora UFS, 2010.

PETRELLA, Ricardo. **O Manifesto da água**. Rio de Janeiro: Editora Vozes, 2001.

PINTO, Josefa Eliane Santana de Siqueira. **Os reflexos da seca no Estado de Sergipe**. São Cristóvão: NEPGEO-UFS, 1999.

RABELO, Laudemira. **Indicadores de sustentabilidade.** Fortaleza: PRODEMA -UFC, 2008.

RBRH: Revista Brasileira de Recursos Hídricos / Associação Brasileira de Recursos Hídricos - Vol.17, n.2 (2012) Porto Alegre/RS: ABRH, 2007

RIEPER, Ana. Dissertação de mestrado imagens do baixo são francisco. São Cristóvão: PRODEMA, 2001.

RIOS, Aurélio Virgilio Veiga. **O direito e o desenvolvimento sustentável**. São Paulo: Editora Petrópolis, 2005.

ROCKSTRON ,Johan. A safe operating a espace for humanity. USA: Nature, 2009, vol 46.

RODRIGUEZ, Andrés Betancor. **Instituiciones de derecho ambiental**. Madrid, LA LEY, 2001.

SACHS, Inacy. **Caminhos para o desenvolvimento sustentável**. Rio de Janeiro: Garamond, 2002.

SAMPAIO, José Adércio; WOLD, Chris; NARDY, Afrânio; **Princípios de direito ambiental**. Belo Horizonte: Delrey, 2003.

SAZ, Silvia Del. **Águas subterrâneas, águas públicas.** Madrid: Maciel Pons, 1990.

SEGUIN. Elida. **O Direito Ambiental.** Rio de Janeiro: Forense, 2002.

SETTI, Arnaldo Augusto. **A Necessidade do uso sustentável dos recursos hídricos.** Brasília: IBAMA, 1996.

SILVA, José Afonso. **Direito Ambiental Constitucional.** São Paulo: Malheiros, 2008.

SOARES, Maria José Nascimento, et all. **Pensar a (in) sustentabilidade**. Porto Alegre: Redes Editora, 2010.

SILVA, Geraldo Eulálio Nascimento. **Direito Ambiental Internacional**. Rio de Janeiro: Theex, 1996.

TRIGUEIRO. André. Meio ambiente no século 21. Rio de Janeiro: Sextante, 2003.

WAINNER, Ann. **Legislação Ambiental Brasileira.** Rio de Janeiro: Forense,1990.

VAN BELLEN, Hans Michael. Indiciadores de Sustentabilidade. Rio de janeiro: Editora FGV, 2006.

VIAN, Itamar. **Uma vida pela vida**. Porto Alegre: ESTEF, 2008.

VILERS, Marq. **Água**. Rio de Janeiro: Ediouro, 2002

URIBE, Natalia, et all. **El derecho humano al agua**. Barcelona: Icaria Editorial, 2008.

Impresso em junho de 2018